GUARDA LUIZINHO

Ícone de São Paulo Herói do Povo Brasileiro

Edição e Redação: Geraldo Nunes

CIP-BRASIL. CATALOGAÇÃO NA PUBLICAÇÃO
SINDICATO NACIONAL DOS EDITORES DE LIVROS, RJ

L554g

Leite, Luiz Gonzaga, 1939-
Guarda Luizinho : ícone de São Paulo herói do povo brasileiro / Luiz Gonzaga Leite ; redação e edição Geraldo Nunes. - 1. ed. - Mauá [SP] : Letras do Pensamento, 2024.
168 p. ; 23 cm.

Apêndice
ISBN 978-65-89344-37-7

1. Leite, Luiz Gonzaga, 1939-. 2. Tráfego urbano - São Paulo - História. 3. Guardas municipais - Brasil - Biografia. I. Nunes, Geraldo. II. Título.

CDD: 353.98092
23-87453 CDU: 929:351.81

Meri Gleice Rodrigues de Souza - Bibliotecária - CRB-7/6439

06/12/2023 11/12/2023

LUIZ GONZAGA LEITE

GUARDA LUIZINHO

Ícone de São Paulo
Herói do Povo Brasileiro

Redação e Edição: Geraldo Nunes

1ª Edição – 2024 – Mauá – SP

Letrasdo Pensamento

Capa e Projeto Gráfico Miolo:

@armenioalmeidadesigner

Fotos:

Geraldo Nunes

Revisão:

Geraldo Nunes

Editor:

Claudio P. Freire

1ª Edição - 2024 - Mauá-SP

Letrasdo Pensamento

Rua Eduardo Prado, 28, Casa 1 -Vila Bocaina
CEP: 09310-500 - Mauá - SP
Telefone/Fax: (11) 3107-6501 - (11) 9-9352-5354
Site: www.letrasdopensamento.com.br
E-mail: vendas@letrasdopensamento.com.br

Impresso no Brasil

Dedico este livro aos meus filhos Paulo Eduardo e Alessandra; minha nora Denise Angélica, meu genro Salvador, minha neta Flávia Valente Leite e à inesquecível, Marli de Azevedo Leite, minha esposa, companheira e amiga de todas as horas *(In Memorian).*

Agradecimentos

Agradeço o apoio do nosso editor Claudio P. Freire para a publicação dessa obra e aos jornalistas Geraldo Nunes, Thiago Uberreich e Afanásio Jazadji, a Gustavo Alves, Salvador Gallo, Cel. PM Alexander Gomes Bento, Cel. PM Cássio Roberto Ferraz, Cel. PM Luiz Eduardo Pesce Arruda, Vereador Cel. Marcelo Vieira Salles e ainda: José D'Amico Bauab, do TRE-SP, Edmundo Leite e Carlos Eduardo Entini, do Acervo Estadão e demais pessoas que direta ou indiretamente ajudaram na elaboração deste livro, em especial a todos os office-boys de ontem e de hoje, aos quais reconheço como nossos grandes aliados.

Apresentação

Para organizar os textos desta obra que retrata a vida e as atividades do Guarda Luizinho, precisei antes ler, assistir e ouvir tudo sobre ele. O material é vasto e o resultado impressionante, porque só encontrei notícias positivas a seu respeito, não apareceu nada que o desabonasse. Em sua página no Facebook deparei com frases maravilhosas escritas pelos seus seguidores que o chamam de: "Ícone da Cidade" e Herói do Povo", essas frases serviram de inspiração para a escolha do nome deste livro. Humilde soldado, deu aulas informais de cidadania no trânsito, tudo feito de maneira espontânea, de improviso, movido apenas pela intuição e pelo seu bom humor característico, capaz despertar sorrisos e até gargalhadas diante das situações e respostas sempre repletas de sacadas interessantes. Sua história de vida é de sofrimento na infância. Nascido em São José de Piranhas, na Paraíba, veio para São Paulo trazido pelos pais em um "pau de arara", no interior paulista trabalhou na roça e só depois quando sua família se instalou na capital paulista teve a chance de estudar. Tornou-se policial seguindo os passos do irmão, hoje capitão reformado da Polícia Militar do Estado de São Paulo.

Guardião das esquinas do centro, notabilizou-se durante sua passagem pela esquina do Mappin, a mais procurada loja de São Paulo em seu tempo, localizada na confluência da Rua Xavier de Toledo com a Praça Ramos e o Viaduto do Chá. O povo, sempre apressado, se acotovelava entre a calçada e a passarela de pedestres. Para disciplinar toda aquela multidão, o policial fardado andava com seu revólver sempre descarregado por temer que um possível esbarrão pudesse causar um disparo acidental e ferir alguém. Em vez do talão de multas levava consigo um guia de ruas, para melhor orientar quem viesse até ele pedir informações sobre trajetos ou caminhos a seguir. Para disciplinar os transeuntes sempre apressados, buscou passar a impressão que não estava ali para transmitir medo e sim segurança com toda simpatia e simplicidade. Foram horas e horas de entrevistas, a maioria delas pelo telefone. Luizinho contava suas histórias ao mesmo tempo em que íamos transcrevendo o que dizia pelo computador. Depois encaminhávamos tudo o que fora escrito para as eventuais correções. Por esta razão os textos foram editados na primeira pessoa para que o leitor ou leitora, tenha a impressão de estar acompanhando nosso interlocutor de viva voz, contando ele mesmo os fatos, diante de um microfone imaginário.

O comportamento do Guarda Luizinho visto pelos olhos de hoje, pode e deve ser entendido como visionário. Por intuição defendia o conceito de polícia comunitária, antes mesmo da proposta ser colocada em prática no Brasil. Assim, nosso guardião da cidade, conquistou a confiança dos pedestres ao mostrar no sentido prático, a importância da preservação da própria vida. Aos motoristas passou o exemplo de que a presença do policial, tão necessária, ainda mais nos dias de hoje, não é a de um robô programado apenas à tarefa de multar. Na verdade, o respeito às leis do trânsito pode e deve ser transmitido primordialmente através do diálogo.

Nos seus tempos de policial da ativa, o Guarda Luizinho chegou a ser mal interpretado. O então secretário da Segurança Pública, Coronel Erasmo Dias, certa vez mandou prendê-lo. Depois, alertado pelos assessores de que aquele modo de atuar aproximava o povo da polícia, o próprio Erasmo Dias mudou de ideia e voltou atrás. Ainda assim foi retirado da famosa "esquina do Mappin" e transferido para um outro cruzamento. Foi então que um abaixo-assinado contendo mais de 65 mil assinaturas foi entregue às autoridades e Luizinho voltou ao ponto de origem onde o povo queria que ele estivesse. Foi quem sabe, o policial mais querido da cidade em todas as épocas.

Hoje em dia os comandantes das diversas divisões da Polícia Militar do Estado de São Paulo, adotam o sistema de gestão por qualidade, ou seja, através de procedimentos administrativos e operacionais, instruem seus comandados sobre como agir no trato com a população diante de todas as situações. Descobriu-se que quanto mais solidário for um policial, melhor ele será no convívio dentro de casa, no trato com a família, como cidadão, e claro, no trabalho de policiar em nome do bem comum para todos.

O Guarda Luizinho teve a capacidade de antever tudo isso, não sei se foi apenas pela intuição acredito que também houve a inspiração divina, para que através de sua simplicidade como pessoa, abrisse caminhos capazes de servir como paradigma aos que quisessem ser, assim como ele, policiais-amigos em benefício de todos nós, povo brasileiro. Este livro não se constitui apenas em uma história de vida, mas em um exemplo a ser seguido.

Geraldo Nunes – jornalista e escritor

Prefácio

Luiz Gonzaga Leite, o Guarda Luizinho, sempre se destacou no desempenho de suas funções, inicialmente como guarda de trânsito, na extinta Guarda Civil, e posteriormente como policial de trânsito, na atual Polícia Militar do Estado de São Paulo, entre as décadas de 1960 e 1980, na região central da capital paulista.

Profissional extremamente qualificado, proativo, sempre a postos para as missões do dia a dia, ficou conhecido por organizar o trânsito no centro da cidade com maestria, em especial, no período em que atuou no cruzamento da Rua Coronel Xavier de Toledo com a Praça Ramos de Azevedo, atraindo a atenção de centenas de pessoas que diariamente aproveitavam a hora do almoço para assistir sua atuação.

Mesmo diante de todas as suas brincadeiras com os pedestres, pegando-os pelo braço e ensinando-os a atravessar a via, impunha respeito e fazia com que todos vissem a importância de obedecer ao momento e o local correto para realizar a travessia, evitando riscos de atropelamentos. Com os condutores, o Guarda Luizinho era implacável e aqueles que paravam sobre a faixa de pedestres recebiam uma punição inusitada. Ele abria as portas do veículo infrator e os pedestres atravessavam a via por dentro dele, tudo com a autorização do proprietário.

Mesmo aposentado continuou ligado às questões de trânsito, atuou no Conselho Municipal de Trânsito e passou a zelar pelo cumprimento dos direitos da criança e do adolescente, atuando no Conselho Tutelar de Santana/Tucuruvi por várias gestões. Com sua conduta, o Guarda Luizinho demonstrou ser um profissional de notável comprometimento com os interesses institucionais, experiente, extremamente dedicado e responsável no cumprimento das missões que lhe foram confiadas. Conquistou assim, o respeito e a admiração dos profissionais da área de segurança, das autoridades e de toda sociedade.

A obra em questão, Guarda Luizinho – Ícone de São Paulo, herói do povo brasileiro; conta em detalhes a trajetória não apenas do policial, mas do ser humano que soube sempre levar em consideração, o amor ao próximo e o respeito à vida. Sua atuação diferenciada, é hoje exemplo para as futuras gerações.

Coronel PM Alexander Gomes Bento – Eterno Comandante do Policiamento de Trânsito – PMESP (08/04/2020 – 26/04/2022)

Certo Anjo da "Guarda"

Suas multas de amor inundam rostos alegres na reprimenda da Paz, os seus trejeitos levam a píncaros sorrisos na austera cidade grande,

As suas mãos lépidas ao encontro do ancião cansado, ou a brandear o indômito jovem.

No estrilar do seu apito, a ressonância da segurança, que imprime o verbo respeitar, o motorista e a cidade de aço.

No carinho das palavras, a autoridade sutil, que desperta a sensibilidade de outros tantos, um Anjo da "Guarda" que explode em bonança, nas paralelas e transversais dos faróis da vida.

Nos quadrantes deste pindorama, sua flama brilha qual um cometa a transbordar serviçal poesia que enobrece o ser humano, que tange de glória a Polícia Militar,

E que faz voltar a fé aos corações sisudos e transforma em primavera os dias comuns.

Obrigado Luizinho

Obrigado Polícia Militar
Grato Luizinho
GRUPO DE POETAS SARJETAS
(Campanha Adote um Poeta)
Academia Brasileira de Poesia - 01/04/1986

Sumário

Capítulo 1

A saga de um retirante

Meu nome de batismo é Luiz Gonzaga Leite. Me sinto feliz quando chego em algum lugar e sou bem-recebido pelas pessoas que me falam de suas lembranças sobre as minhas aulas de cidadania no trânsito, nas várias esquinas do centro desta metrópole mais movimentada do Brasil. Não nasci em São Paulo, a cidade me adotou como faz com todos que a procuram, sejam filhos dela ou não. Aqui cheguei rapazinho, tive uma trajetória de vida difícil como a maioria daqueles que aqui chegam do Nordeste. Para se viver bem em São Paulo, é preciso antes compreender a cidade e sua pressa. Isto talvez tenha sido um dos motivos que me aproximaram do povo e sua gente. Hoje os mais jovens talvez nem saibam o que faz ou fazia um office-boy, mas esses garotos que circulavam a pé de um lado para o outro sempre apressados se tornaram depois os meus grandes aliados. Comecei por eles a ensinar pequenas lições de cidadania no trânsito, sempre de modo informal e com bom humor.

Também para os motoristas notei que uma palavra de afeto educava mais do que simplesmente chegar e multar. E foi assim, conversando e orientando bons modos que ganhei a confiança e o respeito de motoristas e pedestres. Em retribuição me deram um codinome, Guarda Luizinho que incorporei a mim mesmo e por isso hoje assino: Luiz Gonzaga Guarda Luizinho Leite.

Cheguei ao mundo em 6 de dezembro de 1939, na cidade São José de Piranhas, antes conhecida como Jatobá, semiárido nordestino, oeste do Estado da Paraíba. Meu pai, Pedro Leite de Figueiredo, nasceu em 1° de agosto de 1899, em Traz Monte, vizinha a São José de Piranhas. Na mocidade ele foi tropeiro, fazia o transporte de mercadorias junto de seus companheiros, montando em um cavalo. Minha mãe, Idelzuith Renovato Leite, nasceu em Canindé, interior do Ceará, em 6 de novembro de 1906. Casados, tiveram 14 filhos no total, mas seis morreram ainda crianças.

Entre os que sobreviveram além de mim vieram, minha irmã mais velha, Zenilda Renovato Leite, nascida em 1931 e que nos deixou quando adulta. Antes do meu nascimento chegaram os irmãos, Severino (1932) e Francisco de Assis (1933), Zenira (1937) e Zeneida (1938). Depois vieram Zildete (1940) e Maria (1941).

Ainda no Nordeste nos mudamos para Mauriti – Ceará e como a vida do sertanejo é cheia de agruras por causa da seca, diante daquela situação, papai decidiu como tantos outros nordestinos, migrar como retirante e tentar a sorte em São Paulo trazendo toda a família. Em 1949 deixamos Mauriti para seguir juntos na aventura de atravessar quase metade do país, levando apenas o sonho de uma vida melhor. Viajamos em um "pau de arara", contava eu apenas com 9 anos de idade, mesmo assim me lembro de nossa partida. Naquele tempo não havia ônibus regulares do Nordeste para outras partes do país. Também a nós as pessoas chamavam de "paus de arara", pelo fato de a viagem ser feita sobre caminhões, cuja carroceria de madeira recebia assentos feitos de tábuas entrelaçadas cobertas por uma lona levantada em um mastro pregado no centro da carroceria. Assim nos protegíamos do sol escaldante e das eventuais chuvas que pudessem surgir pelo caminho.

Não foi fácil chegar a São Paulo, o trajeto de 2.433 km entre Mauriti e a capital paulista, levou 18 dias para ser concluído em razão das más condições das rodovias. O nosso desembarque aconteceu em frente uma estação de trens no bairro do Brás, conhecida como Estação do Norte. De lá subimos em um trem que nos deixou em Vera Cruz, cidade do interior paulista, distante 420 quilômetros da capital.

Antes, preciso contar como foi a viagem em cima no "pau de arara". Como as estradas eram precárias a velocidade tinha que ser baixa e isto fazia aumentar o calor e o desconforto. À noite o caminhão parava em alguma cidade para que pudéssemos dormir um pouco. Alguns estendiam redes, outros dormiam sobre a carroceria ou mesmo no chão, debaixo do caminhão. Ao amanhecer todos rezavam antes de prosseguir, dávamos graças a Deus por mais uma noite vencida e ao novo dia que se iniciava. Depois seguíamos em frente.

Ao chegarmos à cidade de Vera Cruz, meu pai conseguiu emprego como colono em uma fazenda de café pertencente ao Sr. Paulo Guerreiro. O salário era pequeno, por isso a família toda precisou colaborar com o nosso pai no trabalho da roça. Filhos e filhas pegaram na enxada para carpir o mato em torno dos cafezais enquanto nossa mãe cuidava dos afazeres domésticos. Na colheita peneirávamos e ensacávamos o café para o patrão poder vender. O pouco que caía era repassado para o colono que o revendia. Eu, ainda menino, na hora do almoço vendia doces para o pessoal ali mesmo da roça e assim ajudava no pagamento das despesas de nossa família. Depois do almoço também eu pegava firme na enxada até o final da tarde. Era essa a nossa rotina e de todos os colonos da roça de segunda a sábado.

Compra da tinturaria

Passado algum tempo os meus irmãos mais velhos, Severino e Francisco, decidiram vir para São Paulo. Francisco inicialmente, ingressou no ramo de alfaiataria e Severiano no serviço de tinturaria. Depois de algum tempo, seu patrão quis passar o negócio à frente e meu irmão com a ajuda de toda a nossa família, comprou a Tinturaria e Lavanderia Elegante. Meu pai nos trouxe então de Vera Cruz para São Paulo e fixamos residência na parte de cima da tinturaria, localizada no antigo Caminho Chora Menino, hoje Alameda Afonso Schimdt, bairro de Santana.

Imagine deixar a roça e passar a viver em uma cidade cheia de vida e movimentada como é a nossa São Paulo. Isto aconteceu durante o ano de 1953 que pode parecer distante, mas tudo está em minhas lembranças como se fosse ontem. Até então, não havia tido a oportunidade de frequentar uma sala de aula. Me alfabetizei ao completar 13 anos de idade na Escola Estadual Barão Homem de Mello, Rua Alfredo Pujol, 1.555, cujo prédio é o mesmo e a escola ainda existe com esta mesma denominação.

Prossegui meus estudos, fiz curso de datilografia na Escola Particular Saturno, Rua Voluntários da Pátria. Segui estudando até ingressar na Escola de Polícia, nos tempos do velho prédio da Rua São Joaquim, 580 – Liberdade. Fui Guarda Civil, ingressei na corporação, em 1º de janeiro de 1965 e depois com a unificação das policiais, optei pela Polícia Militar do Estado de São Paulo, em 1970, foi onde passei os momentos mais felizes da minha vida.

Primeiro terno

Quando estudante do curso primário ia à escola no período da manhã. Na parte da tarde, após as aulas, trabalhava na tinturaria e à noite fazia a lição de casa. Meu serviço era levar de volta as roupas deixadas para lavar pelos clientes. Isso me agradava muito porque saia de bicicleta e pedalar para mim, era como fazer um passeio. Conheci lugares, pessoas e nomes de ruas. Buscava ser gentil com a clientela. Batia palmas no portão, ou tocava a campainha e quando era atendido, saudava o morador ou a dona da casa. Na hora de ir agradecia ao receber o dinheiro do serviço realizado. Meu primeiro terno, ganhei de presente da Dona Olga, uma senhora que residia na Praça dos Esportes, próxima do antigo Clube de Regatas Tietê, onde passa agora a Avenida Tiradentes.

Recebia um salário semanal por este trabalho, com o dinheiro do primeiro pagamento, ainda me lembro, comprei um par de Alpargatas Roda, um calçado feito com lona e sola de cordas, muito usado na época. O fato de não precisar mais andar com os pés descalços me alegrou muito. Surpresa maior, foi quando ganhei de presente da minha mãe, o meu primeiro brinquedo. Uma bola de futebol que levei para brincar na rua, em frente à minha casa. Aí passou uma viatura da Rádio Patrulha e os policiais levaram a minha bola. Não adiantou pedir para que devolvessem. A rua não tinha asfalto e a gente brincava sem nenhum risco, mas confiscaram a minha bola e isto me deixou triste. Foi o primeiro brinquedo que recebi, perdido desta maneira. Veja como é o destino, depois seria também um policial militar.

Jogador de futebol

Ficaram com a minha bola, mas não perdi o gosto de jogar. Descobri no bairro Santa Terezinha, vizinho a Santana, os campos de futebol da Chácara dos Padres, onde estão agora os prédios de dois colégios e uma faculdade. Aos domingos acontecia um campeonato de futebol organizado pelos padres Donário e Rosário que davam aos times os nomes dos clubes profissionais.

Joguei no Guarani da Chácara dos Padres como centroavante, vestindo a camisa com a cor e o distintivo idêntico ao do clube campineiro. Sempre gostei de futebol, até como árbitro cheguei a atuar. A exigência dos padres era que os jogadores inscritos na parte da manhã, chegassem antes dos jogos para assistir à missa. Ao sair da igreja recebiam um comprovante para ser mostrado antes de entrar em campo. Os que chegavam na parte da tarde jogavam com o compromisso de assistir antes às aulas de catecismo. Quem não comparecesse aos ofícios religiosos ficava sem jogar.

A quantidade de jogos era enorme e os olheiros dos grandes clubes compareciam para assistir as partidas. Alguns daqueles jovens jogadores se tornaram depois atletas profissionais. Foi o caso do Efraim que cheguei a conhecer. Praticante do futebol de salão se deu bem no futebol de campo e foi chamado para jogar no São Paulo Futebol Clube.

Nesta mesma época me matriculei no Colégio Saturno, Rua Voluntários da Pátria, para cursar o supletivo e avançar nos estudos. Me tornei presidente do **Grêmio Estudantil Saturno**. Nosso uniforme de futebol de salão era muito bonito, camisas amarelas de colarinho e punhos pretos. Outra atividade do nosso grêmio era promover nas tardes de domingos uma matinê dançante. No nosso grêmio era tudo muito organizado, havia policiamento e todos eram revistados antes de entrar. Por isso, nunca houve briga ou qualquer incidente de maior gravidade.

Serviço Militar

Ao completar 18 anos, como faz todo jovem, busquei tirar meus documentos e me alistei para servir o exército. Inicialmente deveria servir em Quitaúna - Osasco, no 4º Regimento de Infantaria, muito distante de minha casa e, como conhecia o Capitão Rodrigues que atendíamos na tinturaria, falei com ele sobre a possibilidade de uma transferência para o Centro de Preparação dos Oficiais da Reserva – CPOR, bem de perto da minha casa, na Rua Alfredo Pujol, 681. Graças a ele pude servir no contingente de cabos e soldados daquele quartel.

Vesti minha primeira farda aos 19 anos, recruta do CPOR.

Fui para a infantaria, posteriormente artilharia e ao final na cavalaria. Para mim foi bom porque já sabia montar. Meu período de serviço militar no CPOR foi de 12 meses entre 1º de janeiro de 1958 e 1º de janeiro de 1959, sob o comando do Coronel de Exército, João Franco Pontes. O cavalo que me deram se chamava Areal, era muito arisco, inteligente e seus pelos castanhos brilhavam muito, graças ao tratamento que este soldado aqui, dava a ele. Para conquistar sua amizade, buscava nos matagais durante meus horários de folga, o "capim gordura" que os cavalos gostam muito. Servia a ele uma parte antes das atividades. Depois quando o cavalo voltava à baia para descansar, servia a segunda parte de sua refeição predileta.

Certa vez o Areal aprontou comigo. Ao tirá-lo da baia, para uma vistoria do comando em todos os animais, saiu correndo pelo pátio do quartel e num pequeno espaço onde havia carros estacionados, saltou por cima de um dos automóveis, pertencente ao Major Claudio Cardoso. Isto me deixou preocupado e fui verificar se havia algum estrago no automóvel. Para minha sorte não houve nenhum arranhão na lataria do veículo. Todos no quartel passaram a comentar a façanha do cavalo e o Major Claudio, dono do carro, levou na esportiva. Depois se tornou um grande amigo meu.

Soldado da cavalaria passei a montar este cavalo chamado Areal.

Outra lembrança que guardo do CPOR é a data, 29 de junho de 1958, o domingo em que o Brasil se sagrou CAMPEÃO MUNDIAL DE FUTEBOL. Houve comemorações no país todo e no quartel, nos irmanamos aos festejos da população. Lançamos dos canhões tiros de artifício. A ideia partiu do oficial de dia, Capitão Carvalho. Nós soldados éramos todos jovens e nos divertimos por poder festejar o primeiro título mundial da seleção brasileira de futebol.

Depois do serviço militar, voltei ainda algumas vezes ao quartel não só para visitar os amigos, mas também para rever o cavalo Areal, de saudosas lembranças. O dever de todo cidadão também é o de respeitar e dar agrado aos animais.

Com meu uniforme de soldado montado sobre Areal para os exercícios de salto.

Capítulo 2

Começo de namoro e casamento

Quando jovem frequentava os bailes do Grêmio Estudantil do Colégio Saturno, do qual fui presidente. Naquele tempo havia bailes todos os finais de semana em nossa sede na Rua Voluntários da Pátria. Em 1962, ao término da matinê dançante de sábado, um amigo meu chamado Heitor, me convidou para fazer companhia a ele em um baile familiar na Rua Santo Egídio. Era comum naquele tempo haver bailes nas residências, mesmo assim, a princípio, não aceitei o convite porque não conhecia os donos da casa. O Heitor insistiu tanto, mas tanto, que acabei indo. Não imaginava que naquele princípio de noite minha vida iria se modificar para sempre.

Assim que entramos na casa, me chamou atenção o rosto de uma jovem que achei bonita, mas bonita mesmo. Seu olhar era encantador. Ao vê-la imaginei o céu, o mar, o luar morando dentro daqueles olhos tão lindos. Como se diz, foi amor à primeira vista. Me aproximei e a convidei para dançar, ela aceitou. Em seguida perguntei seu nome, ela me respondeu com um leve sorriso: "Me chamo Marli". Senti no tom da voz que ela também havia gostado de mim e decidi pedi-la em namoro ali mesmo, naquele momento.

— Meu nome é Luiz, posso falar com você? Perguntei.

Naquele tempo quando um rapaz dizia que queria falar, a moça já entendia que a conversa era sobre namoro. Então, respondeu simplesmente:

— Vou pensar.

O baile prosseguia, a tirei outras vezes para dançar, conversamos sobre várias coisas, mas sempre na espera, ansioso por uma resposta positiva. Aguardei aproximadamente duas horas, a chamei de novo e perguntei a mesma coisa. Ela repetiu: "Estou pensando".

Passado mais algum tempo pensei, será minha última tentativa e a tirei para mais uma dança, até que finalmente respondeu minha pergunta:

— Sim, aceito.

Aquilo me deixou feliz, muito feliz! Abri um largo sorriso, segurei na mão dela com a minha mão ainda trêmula e continuamos a dançar. A música que se ouvia era "Cinzas do Passado", na voz do cantor Anísio Silva, um sucesso da época. Deste momento em diante foi só alegria, não sei nem como explicar a felicidade que sentia dentro de mim.

O baile ainda não havia terminado quando Marli me disse que precisava ir. Me propus acompanhá-la, mas ela não aceitou. Disse que iria para casa ao lado da amiga, sua vizinha, que foi com ela até lá. Marcamos de nos encontrar na tarde do dia seguinte em frente à venda do Seu Zezinho, um lugar bem movimentado e conhecido do Chora Menino, Rua Nova dos Portugueses.

Quase não dormi naquela noite de tanta felicidade, estávamos próximos do 12 de junho, dia dedicado aos namorados. Fiquei sonhando acordado, agradecendo a Deus por ter sido correspondido naquele sentimento que aflorara em meu coração de forma tão repentina, próximo a uma data tão sublime como aquela.

Ao acordar no domingo, nem me lembrei do futebol com os amigos. Me levantei com um só pensamento e a repetir seu nome baixinho: Marli, Marli, Marli. Ao romper da tarde, segui com pressa para o lugar combinado e ao chegar ela já estava me aguardando. Passamos a conversar de pé, sobre a calçada, em meio ao vai e vem.

Contei para ela um pouco da minha vida, do meu trabalho na tinturaria e depois foi Marli quem começou a contar sua história. Me explicou que perdeu sua mãe aos três meses de vida, vítima de uma enfermidade pós-parto. Seu pai, Sidônio Cândido de Azevedo, nascido em Portugal, casou-se novamente e deixou a filha ainda pequena sob os cuidados da madrasta. Depois, com três anos, sua avó paterna, Dona Emília; a trouxe para morar em sua casa.

Marli e eu namoramos dois meses na rua se encontrando durante o dia e só conversando; nada de beijos. Num certo dia ela demorou e resolvi ir à casa dela, bati na porta. Dona Emília, que era uma senhora idosa, me atendeu e aproveitei para manifestar o desejo de namorar sua neta. Ela me convidou para entrar e lá dentro, passados alguns minutos a Marli desce de seu quarto e afirma que ficou surpresa ao me ver na sala sentado no sofá. A coloquei a par da conversa iniciada com Dona Emília de quem recebi na frente da neta o consentimento para que o nosso namoro prosseguisse, agora dentro de casa. Passamos a nos encontrar todas as terças, quintas, sábados e domingos sob a vigilância da vovó.

Na foto com Marli ao meu lado, está minhã irmã Maria Renovato Leite.

Passados três meses de namoro em casa, começamos a fazer planos para o noivado. Ficamos noivos pouco tempo depois e assim, nossas famílias puderam se conhecer mutuamente. Escolhemos os móveis em uma loja de Santana e combinei com o dono de ir pagando aos poucos todos os meses, sem um valor fixo. Ele aceitou e quando terminei de pagar me fez a entrega na data marcada. Como existia uma área livre no terreno da casa onde Marli morava com a avó, ampliamos as dependências e passamos a residir todos debaixo do mesmo teto, até porque não queríamos deixar uma senhora tão idosa morando sozinha.

Dia do casamento

Nos casamos em um sábado, às 18 horas, horário nobre do dia 7 de setembro de 1963, na Igreja Matriz de Santana, situada na Rua Voluntários da Pátria. Sou suspeito em dizer, mas vestida de noiva, Marli ficou ainda mais linda e para mim será sempre a noiva mais linda que vi em toda a minha vida. Tio e tia dela foram os nossos padrinhos. Nossa festa de casamento aconteceu no salão da tinturaria. Depois viajamos para Santos em nossa lua de mel. Tudo transcorreu de maneira simples e com muito amor. Minha esposa, Marli Candido de Azevedo, passou a assinar, Marli de Azevedo Leite. Continuei trabalhando na tinturaria com os meus irmãos e me tornei também, durante algum tempo, representante de vendas das Máquinas de Lavar Hoover, cuja fabricação se iniciava em nosso país.

Nossa foto de casados.

Após alguns meses de casados, Dona Emília iniciou tratamento contra o câncer, mas faleceu logo depois. Continuamos a morar na mesma casa, Rua General Frederico Sólon e ali ficamos até 1969. Antes disso nasceu nosso primeiro filho, Paulo Eduardo de Azevedo Leite, em 5 agosto de 1964. Hoje ele é economista, engenheiro civil e casado com Denise Angélica Valente. Os dois me deram uma netinha maravilhosa que se chama Flávia Valente Leite, nascida no dia 9 de março de 2007.

Marli e eu, mudamos de residência e passamos a morar com nosso filho no sobrado que comprei na Avenida Água Fria. Foi neste endereço que chegou nossa filha, Alessandra de Azevedo Leite, em 13 de maio de 1970. Casada com o meu querido genro, Salvador Gallo, que me acompanha em quase todos os eventos que compareço, a Alessandra me dá muito orgulho. Formou-se primeiro em Assistência Social e depois tornou-se advogada, inscrita na Ordem dos Advogados do Brasil - OAB. Muito dinâmica também é microempresária e mantém juntamente com o irmão e o marido, um restaurante de muito sucesso em Parada Inglesa, o conhecido Bar de Vidro.

Minha vida de casado foi maravilhosa, nos dávamos muito bem, tendo a Marli me acompanhado, com seu apoio de mãe e esposa, em praticamente todas as decisões que precisei tomar. Quando pensei em deixar a tinturaria para ingressar na Guarda Civil Estadual, a consultei. Ela me disse que se era um sonho a ser realizado, não seria ela que iria impedir e que contasse com ela para o que desse e viesse. Foi assim a vida toda, sempre esteve ao meu lado nos momentos bons e nos acontecimentos difíceis, por exemplo, quando da morte dos meus pais.

Pedro Leite de Figueiredo, meu pai, foi um homem para lá de honesto, nunca deixou de cumprir suas obrigações. Ficou conosco na tinturaria até o fim da vida. Viveu as agruras da seca nordestina e foi quem tomou a decisão heroica de nos trazer para o sudeste, mesmo com todas as dificuldades em busca de dias melhores.

Dedicou sua vida ao bem comum da família e dos filhos. Morreu aos 90 anos, em 27 de outubro de 1989. Minha mãe, Idelzuith Renovato Leite, faleceu no ano seguinte, pouco antes de completar 84 anos. Em todos esses momentos, Marli esteve ao meu lado, com seu apoio nestes momentos de dor. Sempre dedicada, deixou os estudos para cuidar da avó doente e só voltou a estudar em 1979 com os filhos já crescidos.

Nesta ocasião passamos a estudar juntos no Liceu Siqueira Campos e da lá seguimos para a Faculdade de Direito. Ela cursou nas Faculdades Metropolitanas Unidas – FMU, enquanto, juntamente com outros policiais iniciei meu curso de Direito, na Fundação Karnig Bazarian - Faculdades Integradas de Itapetininga. Marli concluiu a faculdade, obteve registro na OAB e fez pós-graduação em Processo Civil e Processo Penal.

Fomos felizes no casamento do começo ao fim. Em 20 de agosto de 2014, aos 68 anos, minha querida e amada esposa, Marli de Azevedo Leite, faleceu vítima da mesma doença cruel que acometeu sua avó. Para mim ficaram as boas lembranças. Penso na minha Marli todos os dias em vários momentos, horas, minutos, meses, o ano inteiro. Converso com ela em pensamento, como se ainda estivesse viva ao meu lado. Jamais a esquecerei.

Capítulo 3

Guarda Civil do Estado de São Paulo

Trabalhei com a minha família na Tinturaria e Lavanderia Elegante até 1964, quando decidi seguir os passos do meu irmão, Francisco de Assis Leite que ingressou na Guarda Civil, em 1958 e fez brilhante carreira. Hoje, com mais de 90 anos, é Capitão Reformado da Polícia Militar, à qual ingressou quando houve a unificação das duas polícias; Guarda Civil e Força Pública que originou a atual Polícia Militar do Estado, em 8 de abril de 1970. Vale esclarecer que a antiga Guarda Civil do Estado de São Paulo, nada tem a ver com a Guarda Civil Metropolitana – GCM que temos hoje na cidade de São Paulo, era uma outra corporação.

Assim como o meu irmão, na profissão de Guarda Civil, optei pela Polícia Militar. Incorporado à PM paulista, mantive o número da matrícula RE 77136-8 e segui na 1ª Companhia do 1º Batalhão de Policiamento de Trânsito – BPTran. Trabalhei em todos os cruzamentos do centro da cidade de São Paulo dentro da área pertencente à 1ª Companhia. Atualmente, o Comando de Policiamento de Trânsito – CPTran ocupa mais de 1.600 policiais divididos na fiscalização do trânsito na capital.

Quando o CPTran comemorou 50 anos, em 16 de fevereiro de 2023, fui homenageado 41 anos depois de ter passado para a reserva. Hoje a Polícia Militar do Estado de São Paulo, dentro de uma nova filosofia permite a integração do policial junto à população. Por esta razão reconhece a minha participação que serviu de exemplo para a formação de novos policiais atuantes e mais próximos da sociedade.

No início de 1964, fiz minha inscrição para o concurso da Guarda Civil do Estado de São Paulo, me preparei para as provas escritas e testes físicos e psicológicos com muito afinco. Passei em todas as provas, mas fui barrado no exame médico por uma questão simples que nem era do meu conhecimento. Nasci com desvio no septo nasal. Fui orientado pelo profissional que me examinou a fazer uma cirurgia corretiva e me apresentar novamente, mas o custo da operação era elevado, algo em torno de Cr$ 1.500,00 (Hum Mil e Quinhentos Cruzeiros), um dinheirão na época.

Sem os valores necessários para tanto procurei amigos e o dono da mercearia do bairro, Seu Manoel, se dispôs a emprestar o dinheiro. Me comprometi a pagar o empréstimo em prestações. Assim fiz, tudo transcorreu de acordo com o combinado e, após a cirurgia do nariz, fui aprovado no exame médico e ingressei na Guarda Civil. Para isso me desliguei da Tinturaria e Lavanderia Elegante que continuou durante muitos anos ainda, sob o comando da minha família.

A cerimônia de "Passagem a Pronto", como se dizia na época, aconteceu, em 1º de janeiro de 1965, junto ao Obelisco do Ibirapuera, com a presença da minha esposa e meus familiares. Ingressei como recruta P-12326 GC – Matrícula 77136. A farda era da cor caqui, destinada aos iniciantes. Fiquei com ela cerca de seis meses e depois passei a vestir a tradicional farda azul-marinho, marca registrada daquela corporação.

Breve histórico da Guarda Civil

A Guarda Civil Paulista foi fundada em 22 de outubro de 1926, através da Lei nº 2.141, assinada pelo então presidente do Estado de São Paulo, Carlos de Campos, com a função de realizar o policiamento preventivo e ostensivo das áreas urbanas, com patrulhas em locais de diversão pública, comícios políticos e solenidades, auxiliar no tráfego de veículos e nos serviços de radiopatrulha, além da segurança de prédios e parques públicos.

A nossa antiga Guarda Civil serviu de inspiração para o surgimento da GCM na capital paulista, em 1986, e demais guardas municipais surgidas na Grande São Paulo, bem como em outras cidades pelo Brasil afora. No ano de 1931 foi criada a Secretaria de Estado dos Negócios da Segurança Pública, cujo primeiro titular foi o General Miguel Costa. Em seu tempo a Guarda Civil Estadual se transformou na segunda corporação fardada, na estrutura da nova pasta, junto com a Força Pública, fundada 100 anos antes, em 15 de dezembro de 1831.

Em 1955, um corpo especial de Policiamento Feminino da Guarda Civil, foi criado por Jânio Quadros, governador na época, como corporação autônoma encarregada de zelar, especialmente pelas crianças, idosos e mulheres. Mais tarde o Policiamento Feminino foi incorporado à Guarda Civil e depois, com a unificação das duas polícias, passou para o comando da atual Polícia Militar.

Enquanto existiu, a Guarda Civil do Estado de São Paulo exerceu todas as modalidades de policiamento pedestre, seus policiais andavam sempre em dupla. Também exerciam o patrulhamento motorizado e de motocicleta. No trânsito, contava com uma força de controle e fiscalização em apoio ao então Departamento Estadual de Trânsito - DET, atual Detran.

Na década de 1940 uma parte do efetivo da Guarda Civil, se apresentou como voluntária e seguiu com a Força Expedicionária Brasileira – FEB para a Itália onde combateu o exército nazista durante a Segunda Guerra Mundial. Recebeu depois outras missões, como a de formar a primeira unidade da atual Polícia do Exército – P.E. Durante sua existência,

Distintivo da antiga Guarda Civil Estadual.

a Guarda Civil do Estado de São Paulo manteve efetivos em algumas cidades do interior entre as quais Campinas, Ribeirão Preto, Sorocaba, Bauru, Marília, Presidente Prudente, Jundiaí, Mogi das Cruzes, Piracicaba, Santos, e São Carlos.

Codinome "Guarda Luizinho" surge nesses tempos

Passei a exercer o trabalho de policial na 1ª Companhia do 1º Batalhão de Trânsito da Guarda Civil, cuja sede ficava na Rua São Paulo, 211 – Liberdade. Seu superintendente era o Inspetor Chefe de Agrupamento, Paulo Bueno de Oliveira e Padilan Goiano, era quem comandava a 1ª Cia do 1º BPTran, responsável por fiscalizar a chamada Rótula Principal, da qual fazia parte o centro da cidade.

A instalação da indústria automobilística no Brasil ainda era recente e começaram a surgir problemas para o estacionamento de veículos na região central. Em frente ao 1º Distrito Policial, da Rua Roberto Simonsen, vizinho ao Solar da Marquesa de Santos, então pertencente à Companhia de Gás e ao lado do Pátio do Colégio, só podiam estacionar veículos autorizados e fui escalado para coordenar a entrada e a saída de veículos autorizados.

O lugar era de fato muito movimentado, porque junto com o 1º DP, funcionava a Central de Polícia que registrava todas as ocorrências policiais do dia e da noite. Bem em frente estava o 1º Tribunal de Alçada Cível e a Secretaria da Justiça, cujos prédios sobreviveram ao crescimento da cidade e permanecem de pé, preservados pelo Patrimônio Histórico, juntamente com o prédio da Central de Polícia e o vizinho Solar da Marquesa de Santos. Somente a área de estacionamento foi desativada, esta ocupava toda a frente da igreja do Pátio do Colégio e, ainda assim, era insuficiente.

Meu trabalho era o de conferir a entrada dos veículos devidamente credenciados e como nunca gostei de multar, estabeleci com os usuários que não tinham autorização e precisavam estacionar, um prazo de 15 minutos para que fossem até os locais de destino e retornassem a tempo. Para que tudo corresse bem, solicitava que deixassem o carro destrancado com a chave no contato ou embaixo do tapete, ou ainda dentro do cinzeiro. Sim, naquele tempo, a maioria das pessoas fumava e todos os carros tinham esse acessório, o cinzeiro. Sempre que necessário abria exceções no estacionamento para pessoas com dificuldades de locomoção, gestantes, etc.

Certa vez apareceu o cantor Moacyr Franco, então no auge do sucesso. Além de vender muitos discos, apresentava um programa semanal na televisão de muita audiência. Ele chegou dirigindo um belo carro importado, coisa rara e cara no Brasil daqueles tempos e precisava estacionar. Ao me ver disse:

— Por favor, me dê apenas um minuto!

Achei engraçado o modo dele pedir e respondi com uma piada:

— Um minuto, é o nome daquele remédio para dor de dentes. Façamos assim, te darei 15 minutos para você fazer o que precisa, mas deixe o seu carro destrancado com a chave no cinzeiro.

Moacyr me olhou com certa estranheza, afinal teria que deixar seu carrão último tipo parado na rua sem poder trancá-lo. Pensou um pouco, deu aquele seu sorriso característico e aceitou. Na volta ele agradeceu e retornou na semana seguinte. Ao chegar deixou a chave no cinzeiro do automóvel e me fez um sinal de positivo, fez o que tinha que fazer, voltou e agradeceu. Pronto, entrou para minha lista de amigos.

Reconhecido pelos repórteres policiais

Durante esse período no estacionamento em frente ao 1º DP, passei a ter contato com os repórteres que davam plantão na Sala de Imprensa da Central de Polícia. O consagrado repórter policial Afanásio Jazadji era um dos plantonistas; estava em início de carreira. De memória invejável, colaborou na elaboração deste livro. Afanásio que ao ingressar na vida política, foi deputado estadual durante 20 anos, fez para nós a lista com os nomes dos repórteres policiais que davam plantões diários junto com ele no comitê de imprensa.

Antônio Soares, o "Verão Vermelho" ou "Nariz de Manchete", trabalhava para o Jornal da Tarde. Havia outros: João Bussab, Diário da Noite; Cirso Fiuza, Diário da Noite; Silvio Nunes, o "Spaghetti", Diário da Noite; Zaqueu Sofia, Rádio Jovem Pan; Antônio Vieira, o "Vieirinha", Diário Popular; Hélio Criscuolo (filho do famoso repórter policial Orlando Criscuolo), dava plantão para os Diários Associados; Alcides Leonel, Estadão; Wanderley Nogueira, Rádio Marconi; Wilson Kiss, Rádio Record; William Bocatto, Diário Popular; Gilberto dos Santos, Grupo Folhas; Generoso Grutila, Grupo Folhas; Jose dos Anjos, Rádio Bandeirantes; Walter Gatto, Rádio Nacional de São Paulo e Amâncio do Valle, também Rádio Nacional de São Paulo.

Afanásio Jazadji cobria o setor para o Departamento de Informações, Correspondentes e Sucursais do Grupo Folhas - DICS, antecessor da Agência Folhas de Notícias. Depois seguiu para o rádio onde alcançou em agosto de 1983, o recorde nacional de audiência em rádio, com mais de 1 milhão e 41

O prédio preservado da antiga Central de Polícia no Pátio do Colégio.

mil ouvintes por minuto, recorde que não foi batido até os dias atuais.

Gosto de mencionar nomes da imprensa porque os repórteres sempre deram apoio ao meu trabalho. Aproveito para destacar duas outras figuras do jornalismo que, embora não tenham sido plantonistas na Sala de Imprensa da Central de Polícia, deram muita atenção para mim: Eleonora Paschoal e Luís Fernando Silva Pinto. Este último, fez uma grande reportagem comigo para o Jornal da Tarde. No dia que a matéria foi publicada, alguém colou a página com a publicação na caixa do semáforo da Praça Ramos com a Xavier de Toledo e o povo começou a parar para ler. Depois fiquei sabendo que o autor da "colagem" foi um office-boy do supermercado Peg-Pag, Cláudio Tadeu Morelli, na época, assíduo leitor de todos os jornais. Anos mais tarde nos reencontramos em um programa de televisão. Depois, atendendo ao seu convite, fui visitá-lo em sua casa no bairro Pedreira, região de Santo Amaro.

Alguns desses office-boys que se tornaram meus aliados hoje são desembargadores, juízes de direito, promotores públicos, advogados, médicos, dentistas e policiais militares; de soldados a coronéis. Por esta razão defendo que o adolescente trabalhe para que aprenda a desenvolver o senso de responsabilidade e ao mesmo tempo estude para saber escolher a melhor profissão a seguir na vida.

Outro registro importante, para encerrar este capítulo, é que no de 1970, o 1º Distrito Policial deixou as dependências do Pátio do Colégio e se transferiu para o Parque Dom Pedro II. Segui junto e passei a cuidar do estacionamento privativo da Delegacia Geral de Polícia da Grande São Paulo - Degran. Depois passei para a área privativa do prédio da Polícia Federal, na Rua Xavier de Toledo, 280 bem próximo da esquina que me consagraria anos mais tarde, com o uniforme da nossa gloriosa Polícia Militar do Estado de São Paulo.

Capítulo 4

A Polícia Militar do Estado de São Paulo e sua história

Sinto muito orgulho em dizer que a Polícia Militar do Estado de São Paulo faz parte da minha vida e que eu nada seria sem ela. Também me deixa orgulhoso o fato de saber que hoje a PM paulista detém o maior contingente de policiais em toda a América do Sul, algo em torno de 90 mil agentes, entre homens e mulheres, verdadeira legião de idealistas.

Este símbolo ostenta o lema da Polícia Militar desde sua fundação.

Em 15 de dezembro de 1831, o presidente da Província de São Paulo, Brigadeiro Rafael Tobias de Aguiar, através de uma lei provincial, criou o Corpo de Guardas Municipais Permanentes, composto por cem praças a pé e outros trinta a cavalo. Os chamados "cento e trinta de trinta e um", citados no hino da corporação cuja letra foi composta pelo poeta Guilherme de Almeida e a música orquestrada pelo Major Maestro Alcides Jácomo Degobbi.

A partir do período republicano, São Paulo passou a contar com três forças de defesa e proteção compostas pela Brigada Policial, Corpo de Guardas Cívicos da Capital e Corpo de Guardas Cívicos do Interior. Em 1901, essas três forças foram unificadas para o surgimento da Força Pública do Estado de São Paulo.

Às vésperas de 1930 essa corporação passou a ser o segundo maior corpo armado do país superada somente pelo próprio Exército Brasileiro. Possuía desde infantaria até aeronáutica militar. No entanto, a oposição de São Paulo contra o regime instituído por Getúlio Vargas, que governava o país por decretos, sem respeito a uma constituição, fez com que João Alberto, interventor federal em São Paulo, promovesse a retirada de muitas armas dos quartéis da Força Pública, para o descontentamento da população. Mesmo com seu poderio drasticamente reduzido, a corporação seguiu com 10 mil homens para a formação do Exército Revolucionário Paulista, durante os três meses de guerra civil relativos ao Levante Constitucionalista de 1932.

Em 1970, a incorporação entre a Guarda Civil Estadual e Força Pública, fez surgir a atual Polícia Militar do Estado de São Paulo – PMESP, cuja finalidade não mais se limita ao policiamento ostensivo e preventivo. A PM realiza diariamente inúmeros serviços de auxílio à comunidade como o atendimento às vítimas do trânsito, através das viaturas de resgate e ainda, o socorro aeromédico em casos de extrema emergência. Funcionam integrados ao Comando Geral da Polícia Militar, vários outros comandos de policiamento.

Comando de Policiamento de Trânsito - CPTran

O programa desenvolvido pela Polícia Militar na área do policiamento de trânsito envolve toda a capital paulista no combate aos delitos de tráfego e manutenção da fluidez viária. Para isso, presta auxílio aos órgãos municipais de fiscalização do trânsito, sempre que solicitado.

Os policiais militares deste programa recebem cursos sobre legislação de trânsito e atuam em pontos previamente selecionados, como também em operações específicas de combate ao uso de bebidas alcoólicas por aqueles que dirigem, através dos bafômetros, além de fiscalizar o transporte de cargas perigosas.

Símbolo oficial do CPTran.

Comando de Policiamento Metropolitano - CPM

O Comando de Policiamento Metropolitano – CPM, é subdividido em quatro outros comandos voltados ao policiamento de áreas distribuídas pelas regiões metropolitanas da Grande São Paulo. As emergências são transmitidas aos policiais da **Força Tática** em patrulhamentos diurnos e noturnos pelas ruas, através do Centro de Operações da Polícia Militar – **Copom**, acionado pela população através do telefone **190.** O patrulhamento tático motorizado por viaturas do tipo "Sport Utility Vehicles" – SUV, possui capacidade para enfrentar situações de confronto de todos os tipos.

Comando de Policiamento do Interior - CPI

Possui 10 subdivisões, com suas respectivas sedes distribuídas pelas principais cidades do interior do Estado: São José dos Campos, Campinas, Ribeirão Preto, Bauru, São José do Rio Preto, Santos, Sorocaba, Presidente Prudente, Piracicaba e Araçatuba.

Rondas Ostensivas Tobias de Aguiar - Rota

Em 1º de março de 1970, o 1º Batalhão "Tobias de Aguiar", foi convertido nas Rondas Ostensivas Tobias de Aguiar - Rota para cumprir a função de coibir assaltos a banco com equipes motorizadas de quatro homens por viatura com armamento pesado. Na atualidade a Rota atua em toda a Grande São Paulo, especialmente no combate ao narcotráfico.

Regimento de Polícia Montada “9 de julho”

No Estado de São Paulo a cavalaria pertencente ao Comando Geral da Polícia Militar surgiu em 1892, cujo quartel se localiza no bairro da Luz. Nos dias atuais a cavalaria é requerida para determinados tipos de policiamento, como por exemplo, em terrenos acidentados no qual as viaturas motorizadas têm difícil acesso, ou em aglomerações de pessoas como shows e jogos de futebol. Esses cavalos também chamados de hipomóveis, são submetidos, a partir dos quatro anos, à “Doma”, um treinamento inicial no qual são adestrados para serem lidados pelos policiais. Os animais são numerados a frio se utilizando nitrogênio para identificação. No passado a numeração era feita a quente, com uso do ferro. A partir dos seis anos, inicia-se o treinamento nas ruas, momento em que os animais são expostos a sons de tiro, de bomba, ao fogo e às armas, cenários com os quais lidam durante as atividades de montaria. Quando os militares os consideram maduros, começam a trabalhar nas patrulhas. Diariamente, esses cavalos ficam em média 30 minutos no “banho de sol” e quatro horas na patrulha policial. No restante do tempo, permanecem nas baias individuais. Os cavalos utilizados pela PM paulista são da raça “Brasileiro de Hipismo” e advém do convênio da instituição policial com o Instituto de Zootecnia da cidade de Colina e a preferência, é pela cor castanha, alazã ou preta.

Ronda Ostensiva com Apoio de Motocicletas - Rocam

Este é um programa que utiliza a moto como meio de deslocamento, criado em 5 de novembro de 1982, no 1º Batalhão de Polícia de Choque – Rota, da Polícia Militar do Estado de São Paulo. Sua finalidade principal é, auxiliar no combate à criminalidade nos centros comerciais e bancários no intenso trânsito da cidade de São Paulo e', se necessário, junto com as viaturas da Rota. O programa obteve tal êxito que foi expandido e adotado por outras instituições policiais de diferentes estados brasileiros.

Comando de Policiamento Rodoviário – CPRV

Fundado em 1948 com a inauguração da Via Anchieta, a Polícia Militar Rodoviária do Estado de São Paulo surgiu para dar apoio ao Departamento de Estradas de Rodagem – DER, no atendimento a acidentes e atendimentos de emergência aos usuários, além da fiscalização do tráfego e preservação da ordem pública em cerca de 22 mil quilômetros de rodovias estaduais. São Paulo possui o maior número de estradas duplicadas da América Latina e, de acordo com um levantamento feito pela Confederação Nacional do Transporte, o sistema rodoviário paulista é o melhor do Brasil, e 59,4% de suas estradas são consideradas "excelentes".

Corpo de Bombeiros da Polícia Militar do Estado de São Paulo - CBMESP

A partir de 1851 surgiram as iniciativas no sentido de se constituir um serviço de combate a incêndios na cidade de São Paulo. Oficialmente isso se concretizou em 10 de março de 1880, com a promulgação de uma lei que instituiu um Corpo de Bombeiros com vinte integrantes. O atual Corpo de Bombeiros faz parte da Polícia Militar do Estado de São Paulo, cuja missão primordial, é a execução de atividades relativas à defesa civil, prevenção e combate a incêndios, além de buscas, salvamentos e socorros públicos no âmbito do Estado de São Paulo. Se constitui na maior corporação do gênero no Brasil e na América Latina em termos de efetivo. Funciona também como Força Auxiliar e Reserva do Exército Brasileiro, integrado ao Sistema de Segurança Pública e Defesa Social do Brasil. Em 23 de outubro de 2014, obteve autonomia em relação à Polícia Militar e, por lei, passou a reportar-se diretamente ao Secretário da Segurança Pública, sobre temas relacionados às suas operações.

Polícia Militar Ambiental

Atua na preservação da ordem pública, assim como na fiscalização de infrações contra o meio ambiente, à flora e à fauna em áreas especialmente protegidas, assim como a pesca, o combate a queimadas, ao corte de palmitos, ao tráfico de animais, dentre outras atribuições.

Academia de Polícia Militar do Barro Branco

A história da Academia de Polícia Militar do Barro Branco - APMBB, voltada a formação de oficiais de nível superior, remonta ao ano de 1910, com a implementação do Curso Literário e Científico trazido pela Missão Militar Francesa, que chegou em São Paulo em 28 de março de 1906, contratada pelo então presidente do Estado Jorge Tibiriçá, com o propósito de ministrar instrução à tropa da Força Pública.

Desde 1909 todo soldado ou oficial só pode ser promovido após aprovação nos cursos de formação. Inicialmente, os cursos foram reunidos sob o Corpo Escolar da Força Pública, sediado no Aquartelamento da Luz, com atividades de tiro e cavalaria realizadas no Acampamento da Invernada do Barro Branco. Em 1970, com a incorporação entre Guarda Civil e Força Pública, foi necessária uma reestruturação de currículos, desde então o corpo escolar passou a denominar-se Academia de Polícia Militar. Em 9 de março de 1978, pelo Decreto nº 11.241, passou a ser Academia de Polícia Militar do Barro Branco - APMBB, instituída para a formação policial do futuro Oficial de Nível Superior.

No ano de 1996 foi firmado entre a Academia do Barro Branco e a Fundação Universitária para o Vestibular – Fuvest, um contrato de parceria para a realização das provas de seleção, para o aluno ingressar no Curso de Formação de Oficiais da PM. Para este vestibulando não existe segunda opção.

Desde o início do século XXI, a Polícia Militar do Estado de São Paulo passou a ter um efetivo gigante, sempre na casa dos 90 mil agentes entre homens e mulheres, incluindo o Corpo de Bombeiros. Como a população do Estado de São Paulo supera a marca dos 45 milhões de habitantes, existem em média 230 policiais militares a cada grupo de 100 mil habitantes, número superior ao de outros Estados.

Entre as polícias, a PM paulista é a maior de todo o Brasil, superada em capacidade numérica somente pelas Forças Armadas que reúnem um cerca de 1,98 milhão de militares. Ainda assim, com 90 mil policiais, a PM paulista supera em efetivo o contingente das Forças Armadas da Argentina, em torno dos 77 mil entre praças e oficiais.

Atual distintivo da PM Paulista.

Nova farda, nova corporação

Trouxe essas explicações para poder contar que os oriundos da Guarda Civil do Estadual que optaram pelos quadros da Polícia Militar do Estado de São Paulo, passaram a exercer suas atividades obedecendo a novos regulamentos estabelecidos pela PM. No meu caso, não houve grandes altera-

Nas ruas já com o quepe e farda da PM.

ções continuei no policiamento de trânsito da capital paulista.

Em 1970, o Metrô ainda não existia, o transporte coletivo se limitava aos ônibus urbanos, trens de subúrbio e muitos táxis circulavam. Boa parte era da marca DKW e além deles, havia os Fuscas, então chamados de táxi-mirim. Existia só uma parte da Avenida 23 de Maio pronta, sua inauguração aconteceu em 25 de janeiro de 1969. A Radial Leste foi concluída até Itaquera, somente em 1972. A maior parte dos destinos seguia para o centro e a quantidade de veículos e pedestres era imensa em relação ao número de vias para a circulação de veículos.

Mulher desembarca do táxi mirim, no meio do trânsito, durante o sinal fechado e deixa Luizinho preocupado com a imprudência.

No Brasil havia cerca de 2 milhões e 400 mil veículos entre carros e caminhões, proporção nacional de um automóvel para 81 habitantes. Na capital paulista a frota era de 870 mil veículos, média de um carro para 18 pessoas, conforme levantamento publicado no jornal Correio da Manhã.

Em alguns cruzamentos da cidade, os policiais é que controlavam o tempo de abertura dos semáforos. Nem se imaginava os tais semáforos inteligentes e quando faltava energia elétrica, controlávamos o trânsito na base do apito.

Como os guardas apitam

Um silvo breve significa que o motorista deve seguir. Dois silvos rápidos, indica parada obrigatória para quem está dirigindo, ou mesmo para o pedestre, de acordo com a nossa indicação. Por isso todo policial de trânsito precisa ser bom de braço para movimentar o tráfego e reter sobre as calçadas os transeuntes mais apressados.

Em meio à travessia, pessoas paravam para cumprimentar o policial amigo.

Quando o semáforo quebra, ainda se usa o apito na orientação do trânsito.

Um silvo longo significa atenção. O sinal de pare com o braço levantado representa a determinação para que o motorista pise no freio e pare por completo o seu veículo.

Coronel Fontenelle

Ainda nos meus tempos de Guarda Civil, em 9 de fevereiro de 1967, a direção Departamento Estadual de Trânsito - DET, foi entregue ao Coronel Américo Fontenelle, pelas mãos do então governador Abreu Sodré. O objetivo era dar um jeito na coisa e o coronel que se tornara conhecido por ter melhorado o trânsito do Rio de Janeiro, se transferiu para São Paulo.

Não cheguei ao vê-lo pessoalmente, mas em menos de um mês o Coronel Fontenelle elaborou um plano de distribuição do fluxo de tráfego em duas rótulas: Principal e Complementar, girando em sentidos opostos com mão única.

A chegada ao centro ficou: Avenidas Mercúrio, Senador Queiroz e Ipiranga que já estavam alargadas, passaram a ter sentido único. No sentido bairro as Avenidas São Luiz, Maria Paula e Viaduto Dona Paulina ganharam também mão única, mas não havia avenidas complementares como a 23 de Maio e Radial Leste que ainda não estavam prontas.

Nunca gostei de multar, sempre defendi a conscientização através da educação de trânsito, mas o Coronel Fontenelle não pensava desse jeito. Para coibir o estacionamento irregular, mandava meus colegas policiais arrancar o lacre, recolher as placas e deixar um aviso preso no limpador de para-brisas para que o proprietário fosse ao DET para pagar a multa e retirar a placa e só depois fazer novo emplacamento.

Houve reclamações sobre a quantidade de multas e o coronel passou então a mandar murchar os quatro pneus dos veículos estacionados irregularmente. Isto fez dele, em pouco tempo, *persona non grata* entre a população. Ficou na direção do DET somente três meses.

Apesar do seu estilo nervoso, entendo que o Coronel Américo Fontenelle foi importante para São Paulo por ter lançado as sementes do planejamento de trânsito. As rótulas implantadas por ele continuam em operação, como é o caso da mão única nas avenidas próximas do Mercadão e demais avenidas como a Ipiranga, São Luiz, uma parte da São João e Duque de Caxias. A proibição da passagem de automóveis pela Rua Direita e outras ruas do centro velho, transformadas depois em calçadões, foi ideia também do Coronel Fontenelle.

Coronel Fontenelle em uma das avenidas do centro e atrás dele um guarda civil do trânsito.

Havia na televisão um programa chamado "Roleta Paulista", no qual os entrevistados respondiam questões polêmicas. O Coronel Américo Fontenelle foi ao programa se defender das acusações e ao vivo, sentiu-se mal diante das câmeras. Mesmo transportado em uma ambulância não deu tempo de salvá-lo. Fontenelle sofrera um infarto agudo do miocárdio e morreu a caminho do hospital.

O último levantamento expedido pelo Detran de São Paulo indica que há 8,6 milhões de veículos motorizados registrados em domicílios dentro da capital, ou seja, um carro para cada 10 habitantes. Nos meus tempos de policial do trânsito havia os office-boys, mas agora temos os motoboys que se envolvem em acidentes graves ou até mesmo fatais. O risco no trânsito aumentou.

De acordo com o Sistema de Informações Gerenciais de Acidentes de Trânsito de São Paulo – Infosiga, em 2022, um total de 859 pessoas morreram nas ruas e avenidas da capital paulista, elevação de 18,8% em relação ao ano anterior que registrou 723 mortes. Na maior parte desses acidentes há sempre uma moto envolvida, a média é de 1 motociclista morto a cada dia no trânsito de São Paulo. Percebo que ainda falta conscientização sobre os perigos do trânsito, especialmente por parte dos motoboys.

Conforme o Infosiga SP, cerca 77% dos acidentes com vítimas, envolvem pessoas do sexo masculino. Isso acontece porque, especialmente os rapazes, costumam assumir comportamentos de risco. Me lembro dos office-boys que tentavam driblar os carros em circulação, não tinham paciência para esperar o sinal abrir e eram atropelados. Comigo isso não acontecia porque em todos os cruzamentos que trabalhei os colocava de volta na calçada. Durante os meus 11 anos na esquina da Praça Ramos nunca ninguém foi atropelado, mas ainda falta educação no trânsito porque ainda há pedestres que insistem em atravessar em locais indevidos e motoristas que abusam da velocidade e depois atropelam as pessoas.

Os cruzamentos do centro na década de 1970

Integrado à Polícia Militar pensei comigo: Minha meta pessoal será baixar para zero o total de atropelamentos nas áreas onde estiver fiscalizando. A vida é feita de escolhas, como policial de trânsito escolhi ficar ao lado dos pedestres, a parte mais frágil em relação aos veículos. Um Fusca a 70 Km/h que se envolve em uma colisão, corresponde a um impacto de 2.700 Kg. Já imaginou o estrago ainda maior, para quem for atropelado por um ônibus? Atravesse a rua com muita atenção, cautela e viva a vida.

A rotina de um policial de trânsito

No 1º Batalhão de Policiamento de Trânsito – BPTran, trabalhávamos de segunda a sábado. Entrava em forma às 12h30 para ouvir a "Ordem do Dia". Depois, seguia para o local onde iria monitorar o trânsito, fizesse sol ou chuva. Lá ficava até por volta das 20h30, mas na famosa e abençoada esquina do Mappin, cheguei muitas vezes a ficar até por volta das 22h30 por causa do grande movimento de pessoas.

Meu primeiro serviço como guarda de trânsito foi na Lapa, esquina das ruas 12 de Outubro com Clemente Álvares. No início, a cada semana, era um posto diferente e em todos os cruzamentos havia abusos por parte de pedestres e condutores.

Certa tarde na confluência entre Largo do Paissandu e Avenida São João, vi de longe um carro esportivo sair do Anhangabaú cantando pneus e se aproximar em alta velocidade do semáforo. Pessoas atravessavam naquele momento. Levantei o braço, fiz sinal para que o condutor parasse o veículo. Cheguei e perguntei:

— Por que tanta pressa, o senhor não viu que havia pessoas atravessando a rua?

Era um rapaz entre seus 18 e 20 anos, notei que ele ficou desconcertado, sem saber o que responder. Pedi que me apresentasse os documentos do veículo e sua carteira de habilitação. Conferi, estava tudo em ordem, mas segurei a documentação comigo, enquanto conversava com ele. O rapaz buscou se justificar:

— Estou indo para o hospital visitar a minha mãe que está internada.

— Se você for visitar a sua mãe nesta velocidade poderá se acidentar no caminho e ficar internado em um outro hospital. Depois, quando sua mãe tiver alta, ela é que irá visitar você. Respondi.

Ainda com olhar assustado, o jovem me fez a célebre pergunta que todos fazem:

— O senhor vai me multar?

Com os documentos dele em minhas mãos recomendei em tom amistoso:

— Aguarde mais um pouco, vou pensar no seu caso.

Ele não reclamou e ficou quieto, sentado dentro do carro. De vez em quando me dava uma olhada. De minha parte fazia de conta que não estava vendo, que havia esquecido dele.

Após uns 40 minutos fui até o jovem, devolvi os documentos e fiz uma brincadeira com ele.

— Agora que lembrei que você estava com pressa! Vá com cuidado, quem passa dos 80 não chega aos 100. Da próxima vez que for visitar a sua mãe no hospital, vá com calma para poder ficar mais tempo ao lado dela.

— Então, o senhor não vai me multar?

— Desta vez não, acredito que você não vai mais correr tanto. Posso estar certo disso?

O jovem respondeu sim, fez sinal positivo, me agradeceu e foi embora. Dias depois passou novamente com o seu carro esportivo em velocidade compatível. Não dá para garantir que ele não voltou a abusar, mas foi o primeiro passo para uma conscientização definitiva e desta vez sem multa. Outros depois podem tê-lo multado, mas obteve sua chance. Este é só o primeiro caso de uma série de acontecimentos interessantes ocorridos no trânsito. Passarei a contar mais histórias nas próximas páginas.

Em vez de multa, uma mensagem sobre bom comportamento no trânsito.

Capítulo 5

Na famosa esquina do Mappin

Atuei como policial do trânsito em praticamente todos os cruzamentos movimentados do centro. Além da agitada confluência Avenida São João x Largo do Paissandu, citada no capítulo anterior, passei pelos cruzamentos: Avenida Ipiranga x São Luiz, Ipiranga x Cásper Líbero, Rua Líbero Badaró x Largo São Francisco e a emblemática esquina das Avenidas Ipiranga x São João. Ali se reuniam os músicos à procura de emprego nas casas noturnas. O ponto de encontro deles era em frente um bar chamado Jeca. Naquele tempo não havia telefones celulares e nem todos tinham telefones fixos em suas residências. Com isso ao final de cada tarde os músicos começavam a chegar para terem conhecimento das novidades do meio artístico, shows ou peças de teatro, sempre na expectativa de oportunidades para um novo trabalho.

Com relação ao trânsito, a preocupação maior das autoridades não era a esquina eternizada pela música Sampa de Caetano Veloso e sim com a agitação em torno do Mappin, a loja mais movimentada de São Paulo. Ali juntavam vias importantes como a Barão de Itapetininga, ainda não transformada em calçadão, a Praça Ramos de Azevedo, Rua Xavier de Toledo e o histórico Viaduto do Chá.

Um levantamento realizado pelo Departamento de Operações do Sistema Viário – DSV, no início da década de 1970, apontava para 1 milhão e 200 mil pessoas fazendo a travessia diariamente naquela esquina. Durante as compras de fim de ano, o número de pedestres aumentava para mais de 1 milhão e 500 mil pessoas/dia e os atropelamentos aconteciam em grande número.

As autoridades passaram a considerar cada vez mais oportuna a presença de um policial de trânsito para disciplinar os pedestres e motoristas. Quis o destino que fosse este soldado, o escolhido para a missão. Poucos dias antes da minha ida para o perigoso cruzamento, jornais trouxeram a notícia da morte de uma adolescente atropelada quando atravessava da Praça Ramos para o Viaduto do Chá sobre a faixa de pedestres. Foi o alerta que faltava para que aumentasse minha precaução em evitar novas ocorrências naquele local.

Minha primeira tarde naquela esquina, ainda me lembro, foi em 4 de setembro de 1971. Lá continuei com breves interrupções até o dia 13 de novembro de 1981. Foi nesta data que me afastei para descansar, tirei férias. Poderia ter voltado, mas acabei pedindo baixa e sai da PM. Mais para frente explicarei tudo com detalhes. A verdade é que lidar com o povo não é tarefa fácil. O convívio com a população também nos leva a aprender muitas coisas na vida. Me tornei mais paciente, atencioso, inclusive dentro de casa com a família. Nas ruas procurei ser amigo de todos para ganhar a confiança da população. Disso tudo ficaram somente as boas lembranças.

Na esquina mais movimentada de São Paulo, não havia tempo para distração.

Logo nos primeiros dias constatei que quando o farol abria para os automóveis, a quantidade de pessoas que se aglomerava sobre as calçadas em ambos os lados, era tão grande que muitas invadiam a faixa de segurança na via pública, ou tentavam atravessar em meio aos carros em circulação, com o risco de serem atropeladas. Quando chegava a vez dos motoristas aguardarem no sinal vermelho, alguns mais apressados ou desatentos, ocupavam a faixa destinada aos pedestres.

Jamais cogitei multar, passei a refletir a respeito: O que fazer para disciplinar essa gente? Não adiantava mandar, quem manda nada consegue, mas quem pede, quase sempre alcança seus objetivos. Passei a pedir por favor, para que os pedestres aguardassem na calçada sem invadir a faixa, mas no começo não havia jeito, era tudo muito rápido naquele vai e vem incontável. Quais seriam os motivos de tanta pressa para tamanha ansiedade? Decidi descontrair o ambiente. Notei que através do sorriso tudo ao redor melhorava.

Eram pessoas de todas as partes da cidade; homens, rapazes, mulheres com crianças de colo, muitos adolescentes, meninos e meninas, ricos e pobres, brancos e negros, todos em busca do pão de cada dia. Naquela época, a maioria dos escritórios das grandes empresas ainda funcionava no centro. Nem se falava em motoboys, mas sim office-boys na maior parte menores de idade circulando a pé com muita disposição de um lado para o outro.

Não havia só rapazes, algumas moças também praticavam esse ofício de visitar agências bancárias, pagar contas e levar documentos de um lugar para o outro. Eram jovens esforçados que trabalhavam de dia e estudavam à noite. Este era apenas um dos motivos para tanta pressa. O dia parecia curto e nem sempre dava tempo de se fazer tudo. Mas o principal motivo para tanto movimento era mesmo a presença do Mappin, uma grande loja que vendia quase de tudo em um prédio defronte às escadarias do Teatro Municipal.

Um pouco mais de história

Movimento em frente ao Mappin. Observe a multidão entre os ônibus e o tráfego da Rua Barão de Itapetininga em 1970.

A origem dessa loja remete à criação da Mappin & Webb, que comercializava artigos finos e pratarias, em Sheffield, na Inglaterra. Trazida ao Brasil em 1912 pelos irmãos Walter e Hebert Mappin, a primeira loja foi instalada na Rua do Ouvidor - Rio de Janeiro e a segunda, um ano depois, em São Paulo com o nome Mappin Stores.

A quantidade de pedestres na calçada do Mappin revela como era o centro.

Foi na capital paulista que seus diretores decidiram criar departamentos para vender, além das pratarias, vestimentas infantis e femininas, cortinas e artigos de armarinhos e sua administração passou a ser independente da loja da Inglaterra.

O controle acionário dos irmãos ingleses foi vendido em 1939 e a razão social passou a ser Casa Anglo Brasileira S/A, mas a marca Mappin continuou e, neste mesmo ano, foi inaugurada a loja da Praça Ramos de Azevedo, que em pouco tempo se transformou em uma das referências para quem quisesse comprar bem e com bons preços. Os departamentos se ampliaram e foram divididos nos vários andares do edifício e loja passou a dispor para o público móveis, eletrodomésticos, brinquedos, artigos de caça e pesca.

Em 1950 a família Alves Filho, principal acionista, decidiu popularizar os produtos e substituiu os artigos importados pelos nacionais. Novas políticas de crediário surgiram e a marca se tornou conhecida em todo Brasil com anúncios comerciais no Rádio e na Televisão. Até um noticiário de TV trazia o nome da loja: "Mappin Movietone". No início da década de 1970, a empresa bateu o recorde de vendas, crescimento

54,86% em um ano. Como reflexo, houve aumento na circulação de transeuntes com reflexo no tráfego de veículos. Como policial do trânsito assisti a todo esse processo.

No ano de 1982 o Mappin se tornou a empresa do ano. Uma pesquisa realizada pelo Instituto Gallup, revelou que 97% da população paulistana conhecia a empresa. Isto também ajuda explicar a presença de tantas pessoas na região. Antônio Alves Filho, patriarca da família que comandou a mais famosa loja de São Paulo, morreu em 1982 e outros proprietários adquiriram os negócios, até que em 29 de julho de 1999, por enfrentar a concorrência dos shoppings e hipermercados, o Mappin encerrou suas atividades próximo de completar 87 anos de fundação.

Prédio da Light, outro ponto de referência

Do outro lado da esquina mais famosa de São Paulo, colado ao Viaduto do Chá, se encontra o Edifício Alexandre Mackenzie, agora chamado de "Shopping Light". O nome se deve à pioneira empresa canadense, fornecedora de energia elétrica, que se

Edifício antigo prédio da Light em foto atual.

estabeleceu na capital paulista em 1900. A transformação da Companhia Light and Power Company, em Eletropaulo, aconteceu no início da década de 1980, ainda quando era guarda de trânsito. Muitas pessoas se dirigiam ao estabelecimento para pagar suas contas de luz, requisitar a instalação de energia elétrica em suas residências e outros serviços.

Fundado em 1929, o Edifício Alexandre Mackenzie está tombado pelo Patrimônio Histórico, assim como o Teatro Municipal inaugurado em 1911. Essas construções estão entre as joias arquitetônicas deixadas para a cidade por Francisco de Paulo Ramos de Azevedo, que as projetou e teve seu nome eternizado na praça em frente às escadarias do Municipal.

Em 2014 recebi uma homenagem do Comando de Policiamento de Trânsito no cuzamento em que trabalhei. Essa foto ilustrou o calendário da corporação.

Para complementar, a Rua Coronel Xavier de Toledo em seus primórdios, se chamou Rua do Paredão. No ano de 1899 passou a ter esse nome para homenagear o Coronel Francisco de Paula Xavier de Toledo que nela residiu.

A evolução do trabalho da polícia no passar dos anos

Durante o ano de 2022, a Polícia Militar do Estado de São Paulo registrou em média 45.000 ligações diárias para o telefone 190. A soma desses atendimentos ao longo do ano, chegou a um total de 22.218.483 telefonemas. A maior parte desses pedidos foi de auxílio à comunidade: 225.241 atendimentos, boa parte para o resgate de pessoas vítimas de acidentes de trânsito e no auxílio a parturientes. Neste mesmo ano, 82.012 pessoas foram autuadas em flagrante delito, outras 12.334 encaminhadas aos distritos policiais por atos infracionais diversos. No mesmo período foram localizados 45.170 veículos entre furtados e roubados.

Nos meus tempos de policial do trânsito a situação era outra, por isso ressalto o trabalho da Polícia Militar que evoluiu muito de lá para cá. Naquela época não dispúnhamos das viaturas de resgate e muito menos do socorro aero médico, através dos helicópteros Águia, para o atendimento às vítimas de acidentes de trânsito. Quando uma pessoa era atropelada se aguardava horas para o atendimento. Para essas situações desagradáveis pedia aos pedestres que aguardassem o sinal verde sobre a calçada, mas no começo ouvia reclamações dos mais impacientes.

Como havia decidido fazer uso do bom humor, busquei cada vez mais ser espontâneo, simpático, educativo, pedagógico. Nos meus horários de folga passei a escrever pequenas frases para distribuí-las aos mais renitentes. Eram pequenas lições de cidadania no trânsito que eu datilografava em casa e fazia "xerox". Depois de recebê-las as pessoas que antes reclamavam, sorriam. Guardo na mente algumas dessas frases:

"Pedestre, são apenas alguns segundos a mais para quem tem uma vida inteira pela frente, respeite a sinalização e atravesse tranquilo."

"Eu sou um pedestre igual a você, mas não corro no meio dos veículos porque penso muito na minha família. Pense você também na sua."

"Em casa tem alguém te esperando. Este mesmo alguém poderá sofrer com a sua imprudência. Aguarde o farol e viva a vida."

"A pressa sempre existirá, mas a mesma pressa pode fazer com que você deixe de existir. Atravesse a rua com atenção e cautela e depois sorria".

"Se você já foi vacinado contra a meningite não atravesse sem olhar. Atropelamento é morte na certa e não há vacina que cure".

O tempo de abertura e fechamento do semáforo da Xavier de Toledo com a Praça Ramos dava uma margem maior para os carros, mas não tínhamos como mudar isso. Funcionava assim: 73 segundos para os veículos, 43 segundos para os pedestres e 9 segundos de pisca-alerta para quem estivesse na faixa completar a travessia. O semáforo abria e fechava 380 vezes em média a cada período de fiscalização. Quando alguém reclamava comigo que estava com pressa, tendo em mente o tempo de espera, pedia a esse cidadão ou cidadã que contasse até 5 ou até 10. Assim que a pessoa encerrava a contagem, o farol abria e quem assistia a cena pensava: Como ele adivinha o tempo exato? Era assim que fazíamos.

Certa vez um repórter do Rio Grande Sul passou três dias no cruzamento assistindo à movimentação. Depois escreveu: *"Guarda faz mágica para melhorar o trânsito de São Paulo, conta de 1 a 3 ou de 1 a 5 e o farol fecha."*

Moça apressada queria atravessar antes da hora, pedi para contar até 10 e deu certo.

Populares começaram a se juntar nas imediações do cruzamento para me ver trabalhar. Achei bom, afinal de contas eram aulas de cidadania no trânsito. Um office-boy tentou me driblar e se aventurar em meio ao tráfego. Consegui segurá-lo e perguntei:

— O senhor fugiu de casa?

— Não.

— Brigou com a namorada ou com os pais?

— Não.

— Então me fale o seu nome.

O rapazinho ficou assustado, imagino que pensou na possibilidade de ser preso e timidamente me disse seu nome. Então, tirei do bolso um pedaço de papel, anotei o nome dele e percebi que o mocinho ficou ainda mais preocupado. Para que não entrasse em pânico, pedi calma e desenhei para ele em um pedaço de papel um caixãozinho de defunto com uma cruz em cima. Depois de entregar a ele expliquei:

— Aqui está seu presente, guarde este papel e toda vez que olhar para ele lembre-se que o seu futuro pode ser esse, se não tiver paciência de aguardar o momento certo de atravessar a rua. O caixão de defunto é grátis.

Office-Boy tenta me driblar e recebe lição por escrito.

Meu maior orgulho é saber que durante 11 anos neste cruzamento da Praça Ramos, ninguém foi atropelado. Um dia ganhei de presente um chaveiro no formato de um esqueleto humano, com uma caveirinha que batia os dentes. Passei a mostrá-lo ao público e a dizer que aquele era o símbolo do pedestre apressado. Um dia me aproximei de um rapaz apressadinho e pedi que abrisse a camisa. Ele estranhou, mas obedeceu. Então perguntei:

— Você tem algum S no peito?

Ele respondeu:

— Não.

Não tente dar uma de Superman para cima de mim.

— Então você não é o Super-Homem, se um carro te atropelar, ele te amassa da cabeça aos pés!

Eram muitas risadas. Também me divertia ensinando. Depois esses que riam vinham me pedir as frases escritas que distribuía e ficavam conferindo entre eles qual a mensagem mais interessante.

Motorista abre as portas do carro, pedestres atravessam por dentro

Veículo sobre a faixa da direito ao pedestre de passar por dentro do carro.

Havia os motoristas que paravam em cima da faixa de pedestres. Houve uma ocasião em que uma moça veio até mim e questionou:

— Seu guarda! O senhor pede para todo mundo ficar na calçada, mas tem um carro parado em cima da faixa, o que é que o senhor vai fazer?

Respondi que iria falar com o motorista e me aproximei dele:

— Já que o senhor está com o seu carro em cima da faixa, peço que abra as portas do veículo e deixe o povo passar por dentro.

Ele permitiu e as pessoas atravessaram por dentro do carro. Quem olhava, sorria.

Foi uma brincadeira que deu certo, busquei repeti-la outras vezes. O povo assistia essas abordagens e alguém deve ter avisado a imprensa, porque repórteres fotográficos passaram a frequentar o cruzamento e as fotos começaram a sair nos jornais. Expliquei aos jornalistas que o meu objetivo sempre foi o de educar e não multar. Para isso às vezes me utilizava de exemplos práticos.

Repórteres de televisão buscaram repetir a cena com pessoas atravessando por dentro dos carros.

Houve um dia em que fui trabalhar à paisana e ouvi duas moças conversando. Uma delas sugeriu à outra:

— Vamos aproveitar que o guarda não está aqui e atravessar correndo?

Não eram só rapazes, havia também moças indisciplinadas na hora de atravessar.

Não deu tempo, dei uma batidinha no ombro de uma delas. Ao olharem para trás me viram e avisei:

— Estou aqui, só não estou fardado.

Notei que as duas ficaram sem graça e não seguiram adiante. Me respeitaram.

Acontecimentos difíceis de esquecer

Duas grandes tragédias comoveram a população durante o período em que fiscalizei o trânsito na Praça Ramos. Os incêndios nos edifícios Andraus e Joelma chocaram a todos.

Na tarde do dia 24 de fevereiro de 1972, o fogo no Edifício Andraus começou às 16h20, após curto-circuito na seção de crediário das Casas Pirani, instalada no 3º andar do arranha-céu localizado na Avenida São João, esquina com a Rua Pedro Américo. Aquele incêndio matou 16 pessoas e feriu outras 320. Obviamente houve interdições no trânsito e toda a região centro ficou congestionada.

Quase dois anos depois, em 1º fevereiro de 1974, aconteceu outro sinistro pavoroso, no Edifício Joelma, construído entre a Avenida 9 de Julho e a Praça da Bandeira. As primeiras labaredas surgiram às 8h45 de uma manhã fatídica. Após o fogo se alastrar passou a ser visto com facilidade por todos que estivessem sobre o Viaduto do Chá e adjacências. Houve aglomerações, desvios no trânsito e não havia como impedir a curiosidade dos populares e minhas atenções se voltaram para a fluidez da circulação viária.

De um ponto da Rua Xavier de Toledo era possível ver o incêndio e os motoristas paravam seus carros para assistir o que acontecia. Passei aquela tarde sinalizando com o braço, ao mesmo tempo em que recomendava aos pedestres que circulassem para não haver aglomerações..

A causa do incêndio no Joelma também foi um curto-circuito surgido no 12º andar. As chamas se alastraram rapidamente atingindo todos os 25 andares do edifício. Números finais deram conta de 187 mortos e mais de 300 feridos.

Uma ponta no cinema

Cinco anos após o trágico acontecimento fui procurado pelo produtor de cinema Clery Cunha que produziu o filme "Joelma, 23º Andar". Ele me convidou para participar de uma cena em que uniformizado olhava para o alto onde estava a protagonista, Beth Goulart, que ameaçava pular de uma janela do prédio e na calçada pedia a ela: "Não faça isso, moça!" Compareci no dia e hora marcados e gravamos a cena com a atriz. Interessante é que a filmagem foi feita debaixo de uma das janelas do Edifício Andraus e não no Joelma. Desconheço os motivos da escolha do local por parte do diretor, só sei que jamais quis assistir ao filme que foi sucesso de bilheteria. Não quis rever as imagens chocantes dos acontecimentos que de certo modo presenciei. Para quem quiser assistir "Joelma, 23º andar", a obra de Clery Cunha se encontra disponível na íntegra, basta acessar no YouTube.

Capítulo 6

Crime no trânsito e outros episódios

"Passava um pouco das sete da noite de ontem e apesar da hora, o movimento de carros e pedestres era pequeno na Rua 7 de abril. Pouca gente viu o desentendimento entre dois motoristas. O do Passat Amarelo desceu do seu carro após uma curta discussão e enfiou o braço pela janela do táxi, acertando um soco no outro motorista. Tentava repetir o golpe quando caiu no chão, ferido por um tiro. Enquanto era agredido, o chofer de táxi havia puxado um revólver calibre 38 e apertara o gatilho antes de receber o segundo golpe. As pessoas que passavam pelas calçadas da 7 de abril, quase esquina com a Xavier de Toledo, viram então o passageiro que ia no táxi sair por uma porta e o motorista por outra. O passageiro desapareceu, correndo muito; o motorista depois de um momento de indecisão ouviu gritos de "pega! pega!" e também saiu correndo..."

Assim se inicia a notícia publicada na página 13 do Jornal da Tarde, edição do dia 5 de março de 1976. O recorte da página com a notícia completa está aqui neste livro. Quem assina é o repórter Alex Branco e as fotos são de Kenji Honda. A matéria traz outro trecho importante: *"...Foi então que alguém se lembrou de "Luizinho", Luiz Gonzaga Leite, policial de trânsito muito conhecido pela cordialidade ao comandar a travessia de pedestres na Xavier de Toledo em frente ao Mappin. Luizinho estava em seu ponto e ouviu ao aviso gritado de longe. Aquele homem que corria pela outra calçada devia ser detido e ele avançou para segurar o homem. O 'atirador' viu o guarda fardado e tentou enganá-lo, desceu pelas escadas da passagem subterrânea que liga as calçadas da Light e do Mappin. Correndo mais depressa ainda, Luizinho parou, tirou o capacete para confundir o homem que fugia e foi esperá-lo na saída da passagem ao lado do Mappin. Mesmo sem saber se o 'suspeito' estava ou não armado, o policial assim que ele saiu da passagem, disse-lhe em voz firme que estava detido. O revólver havia sido abandonado no táxi e o taxista não esboçou a menor reação. Parecia inútil tentar fugir..."*

No momento da voz de prisão achei que fosse reagir, mas me obedeceu. Em seguida populares o cercaram e queriam linchá-lo. Impedi e expliquei que o acusado estava comigo, portanto, em poder da polícia, sob a tutela do estado. Ninguém encostou a mão nele. Conduzido ao 1º Distrito Policial, à frente do delegado, confessou o crime e em seguida foi autuado em flagrante por homicídio. *"É verdade seu doutor – disse ele ao delegado de plantão Antônio Pontes da Silva – eu atirei no homem, mas foi em legítima defesa. Tenho porte de arma como vocês podem verificar e só atirei porque fiquei nervoso, não aguentava apanhar de um homem mais forte. Afinal, o que eu podia fazer? Foi legítima defesa mesmo" ... "O que mais impressionou a polícia foi a calma do taxista que em momento nenhum demonstrou sequer o mais leve arrependimento. "Mas essa frieza - contava ainda ontem à noite o delegado Pontes - é momentânea. Ele ainda está com a 'cuca quente', esperem só até ele cair em si."*

Para esta notícia, o Jornal da Tarde que estampou a seguinte manchete: *"Tiro no trânsito. Morte. E chega Luizinho, o Guarda do Mappin".*

NOVELA POLICIAL

Tiro no trânsito. Morte, atropelamento, fuga. E chega Luizinho, o guarda do Mappin.

O homem matou depois de levar um soco. E fugiu para o lado errado: a calçada do Mappin.

Jornal da Tarde destaca em manchete atuação do Guarda Luizinho. Leia esse artigo em tamanho legível na página 159.

Nunca precisei usar meu revólver, nem mesmo no dia em que aconteceu o crime citado, assim como nunca fiz uso do meu talão de multas. Levava sempre comigo, isto sim, um guia de ruas para melhor ajudar aqueles que vinham me pedir informações. As pessoas às vezes, tocavam ou esbarravam em mim e isto me deixava preocupado com o risco de um disparo acidental. Por esta razão andava armado pelo fato de ser policial, mas com o revólver descarregado.

Foi durante a década 1970 que os pequenos assaltantes começaram a circular pelas ruas do centro, os conhecidos "trombadinhas". Esses garotos menores de idade roubavam as correntinhas que as moças costumam usar por acharem que se tratava de ouro. Havia também as "tesourinhas" da Rua Direita, mulheres hábeis em cortar as alças das bolsas utilizadas pelas senhoras. Quando esta caia no chão, a assaltante se apossava dela e saia correndo. Os batedores de carteira, chamados pela polícia de punguistas, agiam em maior número, especialmente nas aglomerações ou dentro das conduções lotadas sempre com o objetivo de levar a carteira com o dinheiro dos passageiros ou mesmo dos transeuntes nas esquinas de grande movimento. Em minha área, entretanto, dentro do meu horário de serviço, asseguro que nunca houve nenhum roubo desse tipo, muito menos acidentes de trânsito envolvendo veículos. Prova disso foi que, anos depois, circulando à paisana fui reconhecido por um cidadão que se aproximou e me disse o seguinte:

— O senhor é o Guarda Luizinho e me lembro da sua presença na esquina do Mappin. Gostaria de lhe dizer que fui ladrão, mas me regenerei. Assaltava as pessoas no centro da cidade e como não vivo mais disso, vou fazer questão de contar que nunca roubei ninguém no seu cruzamento, por respeito ao senhor que era gentil e tratava bem a todos.

Agradeci as palavras, segui em frente e não quis prosseguir a conversa. Fiquei satisfeito em saber dele que o respeito que me dava não era por medo do policial e sim pela forma de tratamento que dedicava às pessoas sem discriminar ninguém.

Amigo dos pedintes e moradores de rua

Por incrível que pareça, os pedintes e moradores de rua me procuravam para conversar. Certa vez um deles me contou que era de uma cidade do Paraná e vinha para São Paulo todos os anos, entre os meses de outubro e dezembro para pedir esmolas na época das festas natalinas, quando as pessoas se tornam mais solidárias. Carregava um cobertor e ficava pelas ruas do centro dia e noite. Após o Natal, com dinheiro no bolso, voltava para sua cidade de origem.

Seu Antônio, morador de rua, fazendo uso do apito. O povo assite a cena alinhado sobre a calçada.

Havia um outro senhor que carregava consigo um apito e todas as vezes que eu apitava no trânsito, ele apitava junto e aquilo me atrapalhava. Todos os chamavam de Seu Antônio, perguntei sua idade e me disse que já estava com 82 anos. Para deixá-lo satisfeito combinei com ele o seguinte: Todas as vezes antes do farol abrir para os carros, vou te dizer: "Apita!" Ele então passou a apitar o trânsito para mim. Radiante de alegria, mesmo com o trânsito em circulação, continuava apitando. Fazia isso 10 até 20 vezes seguidas para o delírio dos populares que assistiam a cena. Desta maneira arrumei um jeito dele sorrir.

Quando aparecia algum novo office-boy que tentava me ludibriar, bolava para ele uma brincadeira. Certa vez um deles, bem mocinho, desceu da calçada mesmo com os carros em circulação, mas não atravessou. Me aproximei dele, não reclamei. Pedi que colocasse a mão sobre o meu coração. Ele estranhou, mas obedeceu. Então disse a ele:

Coloque a mão sobre o meu coração, você me assustou!

— Não faça mais isso, você me assustou!

O jovem sorriu e arrependido me pediu desculpas. Pronto! Virou amigo e passou a me respeitar, não mais infringiu as regras.

De vez em quando os office-boys apareciam com faixas ou cartazes para me homenagear: *"Guarda Luizinho, a alegria de sua torcida"* ou *"Guarda Luizinho, alegria dos office-boys"*, foram algumas frases fotografadas.

Esta considero a melhor época da minha vida, até hoje recebo mensagens desses antigos garotos em minha "Fan page" no Facebook. Possuo cerca de cinco mil seguidores e procuro através das redes sociais me corresponder com todos que me visitam a minha página pessoal.

Homenagem dos office-boys na década de 1970.

Tenho a história também de um

menino pedinte que era deficiente físico. Ele usava um par de muletas e pendurava no pescoço uma caixa onde eram colocadas as esmolas. Todos os dias arrecadava o suficiente para pagar um táxi que o deixava no Parque Dom Pedro, onde depois subia em um ônibus que o levava para sua casa em um bairro afastado da zona leste.

Era moda usar cabelos compridos, portador de deficiência atravessa rua sob os cuidados do guarda.

Alguns taxistas se recusavam a transportar esse menino, achavam que ele não iria pagar a tarifa. Então, sempre por volta das cinco da tarde, quando ia embora, esse jovem me procurava e dava o aviso: "Já cheguei". Era a senha para que eu parasse um táxi para ele. Então avisava ao taxista que o passageiro era portador de deficiência e iria pagar a corrida. Avisava também que tinha anotado o número da placa e se fizesse algum mal ao rapaz, eu já saberia quem foi.

Todos os dias tomava essas precauções. Alguns taxistas o colocaram para fora do carro antes da conclusão do trajeto para fazer lotações. Naquele tempo a prefeitura permitia aos taxistas promover essa prática para transportar passageiros aos bairros e isto resultava em lucros maiores. Por isso, próximo ao horário de pico, os motoristas de táxi evitavam pegar corridas curtas. Aqueles que já me conheciam atendiam o menino. Vez em quando um ou outro se desculpava para não ter que levá-lo. "Comprei meu carro e ainda estou pagando as prestações, me deixe sair fora hoje!" Quando ouvia esse tipo de apelo liberava o táxi, porque meu interesse era de colaborar com todos indistintamente.

Jovem demitida procura o Guarda chorando

Outro caso interessante foi de uma jovem que me procurou chorando no cruzamento da Xavier de Toledo com a Praça Ramos.

— É seu guarda, meu patrão me mandou embora!

Perguntei o motivo, ela me disse que não sabia e fez um pedido:

— Fale com o meu patrão, seu guarda, se o senhor pedir, ele me dá o emprego novamente.

Pensei em recusar. Vá saber o que ela aprontou! Como tenho coração mole, no dia seguinte nem almocei. Dediquei esse tempo para ir ao endereço do emprego daquela mocinha, um escritório de advocacia no antigo Edifício Conde Prates, já demolido, existente na Rua Líbero Badaró. Ao chegar me fiz anunciar pela secretária e o advogado, dono do estabelecimento, veio pessoalmente me atender na recepção. Surpreso com a minha presença me convidou para entrar. Em seu gabinete perguntou o motivo da minha visita e expliquei que uma ex-funcionária dele me procurou chorando no cruzamento da Praça Ramos e pediu para que viesse solicitar o emprego dela de volta.

O advogado então me apontou uma pilha de documentos sobre uma escrivaninha que deveriam ter sido entregues no dia anterior e a funcionária não fez isso.

— Sabe por quê? Me perguntou.

Admirado quis saber a resposta.

— Em vez de fazer o serviço, ela saiu e depois disse que ficou vendo o senhor trabalhar.

Surpreso, ainda assim tentei salvar o emprego da mocinha e argumentei:

— Sua funcionária é muito ingênua, posso explicar a ela que ninguém pode deixar o serviço de lado para ver um guarda de trânsito trabalhar. Como fiquei de conversar com ela, peço ao senhor que dê mais uma oportunidade a essa funcionária ingênua.

O patrão refletiu um pouco e depois respondeu:

— Como o senhor veio pessoalmente me fazer esse pedido, irei reconsiderar e dar uma nova chance por respeito à sua pessoa. Diga a ela que será só mais essa vez.

Agradeci, estendi minha mão e dei parabéns ao advogado pela decisão. Ao retornar para a esquina do Mappin, a menina me aguardava ansiosa. Expliquei que o patrão reconsiderou a decisão. Ela sorriu e agradeceu, então expliquei que ao voltar, era para fazer as entregas de documentos direitinho, indo a todos os endereços, sem perder tempo e não se distrair com tudo o que via nas ruas.

Ela me abraçou, agradeceu e seguiu para o escritório. Acredito que se emendou porque depois, quando passava pela faixa de pedestres, me dava um tchauzinho e ia embora sem perder tempo para assistir o nosso trabalho e o vai e vem dos pedestres sempre apressados.

Cheque personalizado

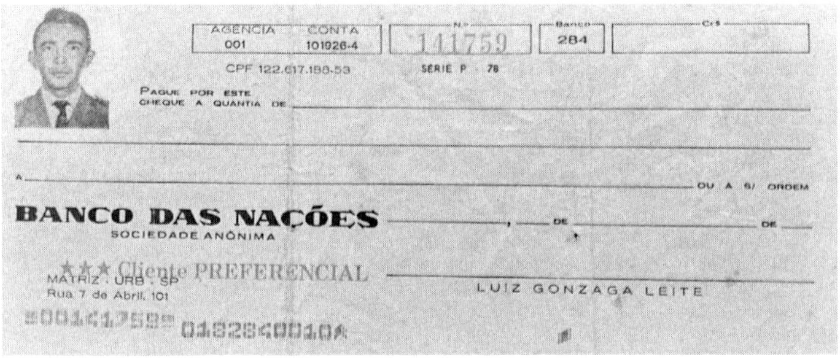

Cheque personalizado do Banco das Nações que traz a foto do cliente Guarda Luizinho.

Mario Florindo, gerente do Banco das Nações, me chamou para conversar e fez um convite para visitá-lo em sua agência, na Rua 7 de Abril 97, bem pertinho do cruzamento onde ficávamos. Expliquei que não teria tempo para ir até lá, porque além de ser guarda de trânsito tinha outras ocupações. Mas o gerente insistiu tanto, mas tanto, que acabei indo certo dia na parte da manhã. Ele me explicou que o Banco das Nações estava lançando um novo modelo de cheque na praça que trazia o rosto do cliente. Mario Florindo fazia questão que abrisse uma conta preferencial para ter um talão de cheques personalizado com a minha fotografia.

Nem possuía conta corrente naquele banco, mas para atender ao pedido transferi algum dinheiro para lá. Passados alguns dias o Mario Florindo aparece e me entrega o talão de cheques com a minha foto. Guardei uma das folhas desse talão que agora está em um quadro na parede do meu escritório em minha casa. Muita gente não sabe, mas já houve cheques personalizados com o rosto do cliente.

Estudante tenta dar uma "carteirada"

Era uma tarde calorenta e de muito movimento. Eis que um rapaz me desafia e insiste em querer atravessar antes que o farol abrisse para os pedestres. Pedi a ele por favor que aguardasse, mas o jovem se mostrava nervoso, talvez estressado pelo calor e em tom arrogante me pergunta:

— Você sabe quem é meu pai?

Percebi que ele segurava em uma das mãos uma carteirinha de cor azul, típica dos estudantes de Direito que faziam estágio nos escritórios de advocacia da região. Mantive a calma e respondi com outra pergunta:

— Se você não sabe quem é seu pai, não serei eu que irei saber, mas se ele estivesse aqui também não deixaria você atravessar a rua com o sinal vermelho. O jovem insistiu:

— Você sabe quem é meu pai?

Aguardava o momento de atravessar bem do nosso lado, uma criança que deveria ter uns 10 anos e perguntei a ela:

— Você acha que esse rapaz está certo em querer cruzar para o outro lado da rua com o sinal vermelho?

A criança respondeu:

— Não, ele está errado.

Então emendei:

— Se até uma criança sabe a hora certa de atravessar a rua por que você insiste em desobedecer? Como estudante que você é, já deveria ter aprendido essas coisas.

Notei que o rapaz ficou vermelho e com muita raiva, mas como o semáforo apontou sinal verde para a travessia, ele foi embora e nem precisou me dizer o nome do pai dele.

Cartão postal direto de Londres

Senhora reclama com o guarda sua pressa para fazer a janta.

Teve também o caso de uma senhora muito apressada que queria atravessar a rua de qualquer jeito. Perguntei a razão de tanta pressa e ela me disse que a família aguardava e ela precisava fazer janta. Como sabia que o semáforo iria fechar para os carros em poucos segundos, levantei o braço porque o trânsito iria parar mesmo e exclamei:

— Parem, parem, parem! A moça precisa fazer janta!

Os populares que assistiram a cena deram risada e o mais inusitado aconteceu algum tempo depois.

Passados uns meses recebi um cartão postal vindo da Inglaterra. Não havia endereço, só os dizeres: Para o Guarda 'Joãozinho' que trabalha em frente ao Mappin. No cartão veio escrito: *"Informo que aqui em Londres também existem policiais bem-humorados, mas o senhor ganha fácil de todos eles. Lembranças de uma pedestre que o senhor parou o trânsito para ela correr para casa e fazer janta".*

Este cartão postal também guardo com muito carinho. Recebi outros porque diariamente me eram entregues algumas cortesias como balas, bombons, doces e até flores. Outro serviço que eu prestava era o de zelar pela integridade das mulheres que trabalhavam no centro. Ao término do expediente, muitas aguardavam pelos seus maridos, noivos ou namorados para depois seguirem juntos na volta para casa. Com isso evitava que ouvissem gracejos ou fossem assediadas.

Quando os maridos chegavam, eu repassava a eles as flores que recebia para que oferecessem às suas esposas. Se fosse guardá-las para entregar à minha senhora, com o passar das horas, as flores estariam murchas. Ao chegar contava esses episódios à Marli que se divertia ouvindo os casos engraçados. Nos finais de semana o que eu fazia? Oferecia flores para deixar minha esposa feliz.

Após nosso casamento, ela precisou deixar os estudos para cuidar da avó doente e depois vieram nossos filhos. Com as crianças crescidas, Marli decidiu prestar exame vestibular e ingressou no curso de Direito das Faculdades Metropolitanas Unidas – FMU. Foi uma fase de correria. Nesta época na parte da manhã me ocupava com um trabalho extra, aquilo que os policiais chamam de "bico". Logo cedo me dirigia até a Audi Financeira S/A, empresa cujo escritório funcionava no Edifício Matarazzo, esquina do Viaduto do Chá com a Rua Líbero Badaró, onde agora está o Gabinete do Prefeito. Lá, fazia os telefonemas aos clientes com dívidas a quitar e depois saia para fazer as cobranças. Três vezes por semana viajava à noite para Itapetinga onde cursei Direito ao lado de outros colegas policiais. Marli tornou-se doutora advogada com registro na OAB com pós-graduação em Processo Civil e Processo Penal.

E o sr. Luiz, guarda de trânsito, trabalha rindo, fazendo o povo rir.

Sempre ativo na proteção dos transeuntes Guarda Luizinho era sempre manchete nos jornais.

Capítulo 7

Diante do Coronel Erasmo Dias

Era uma tarde de sol. Por volta das 2h30 da tarde, um cidadão encorpado tentou atravessar o sinal fechado. Me aproximei e perguntei a ele se ele estava com pressa. O homem insistiu, pedi para aguardar o momento certo. Não imaginei que se tratava de um assessor do Coronel Erasmo Dias, secretário da Segurança Pública que acompanhava tudo à espreita e se aproximou de mim aos gritos:

— Prendam esse palhaço! Disse ele.

Me cercaram, tiraram minha arma, meu capacete caiu ao chão e praticamente me arrastaram na direção de uma perua Veraneio estacionada em frente ao Teatro Municipal. Populares que assistiram a cena seguiram juntos até o veículo e cheguei a ouvir uma voz feminina gritar para que virassem a viatura porque assim impediriam minha prisão. Foi quando saíram do veículo quatro policiais armados com metralhadoras e todos recuaram. Ainda assim tentaram dizer ao Coronel Erasmo Dias já dentro de um Ford Galaxie, que se tratava do

Guarda Luizinho e aquele era o meu jeito de trabalhar. Não houve resposta.

Fui conduzido à sede da Secretaria da Segurança Pública, me colocaram em uma sala e pediram para que aguardasse sentado, mas não fecharam a porta. Assim, pude ver a movimentação no corredor enquanto esperava uma decisão. Passado algum tempo notei a chegada da imprensa e o primeiro repórter que vi foi Inajar de Souza. Então pensei comigo: Acho que a situação pode se reverter para o meu lado. Afinal, nada havia feito de errado

Foi o que aconteceu, não fui preso. Aguardei cerca de duas horas, quando um dos assessores do secretário veio até mim e me perguntou se eu queria ir para casa ou voltar a trabalhar. Respondi que preferia voltar ao trabalho para mostrar às pessoas que não fui preso e que tudo não passava de um mal-entendido. No dia seguinte a notícia saiu nos jornais e ao chegar na 1ª Companhia de Trânsito, me ordenaram que fosse até o Quartel General da Polícia Militar porque o comandante-geral, na época o Coronel Francisco Batista Torres de Mello, queria conversar comigo. Lá cheguei e fui recebido pelo comandante. Ele ordenou que se a imprensa me procurasse era para dizer que o Coronel Erasmo Dias havia se confundido com um falso policial.

Passado algum tempo, quando o assunto começou a cair no esquecimento, me tiraram da esquina da Praça Ramos e me mandaram para o cruzamento da Avenida São João com a Ipiranga, com a alegação que estava havendo um rodízio entre os policiais de trânsito da região central.

Abaixo-assinado: 65 mil assinaturas pedem a volta do Guarda Luizinho

Me disseram: "Todos sentem sua falta na esquina do Mappin". Os que me viam em outro cruzamento perguntavam o que havia acontecido. Não cabia a mim, explicar, eram ordens do comando. Só sei que assunto foi parar até mesmo em um programa apresentado pelo radialista Moraes Sarmento que passou a repetir uma mesma pergunta diariamente: "O que fizeram com o Guarda Luizinho?"

Nos braços do povo que comemorou nossa volta ao cruzamento.

Meus amigos office-boys se mobilizaram e foi feito um abaixo-assinado pedindo nossa volta para o cruzamento mais movimentado de São Paulo. Em pouco tempo conseguiram cerca de 65 mil assinaturas, como estamparam os jornais da época.

No texto do abaixo-assinado se explica: *"... com o Guarda Luizinho as regras do trânsito são respeitadas, por isso queremos sua volta".* Após a insistência da mídia e o abaixo-assinado entregue pela população, o comando da 1ª Companhia de Trânsito me colocou novamente na Praça Ramos. Quando voltei, fui erguido pelos office-boys que atravessaram a rua me carregando sobre os ombros. No dia seguinte, o Jornal da Tarde estampou: *"O bom guarda voltou para a alegria de todos".* A repercussão foi tamanha que, tendo passado alguns dias, fui convidado para participar do programa Silvio Santos do horário nobre do domingo. O próprio Silvio me entrevistou ao vivo, me perguntou sobre o trânsito e da minha relação de amizade com os office-boys, motoristas e pedestres.

De volta ao posto de guardião dos pedestres, Luizinho voltou a sorrir.

Capítulo 8

Do retorno à despedida

Logo após nosso retorno glorioso à esquina mais movimentada da cidade, outros fatos pitorescos aconteceram. Um narrador esportivo da Rádio e TV Gazeta ao qual ainda não conhecia pessoalmente, José Italiano, apesar do sobrenome era torcedor do fanático do Corinthians. Ele estava na calçada e quando colocou o pé na faixa de pedestres com o semáforo aberto para os carros, sinalizei para que aguardasse. Me obedeceu, deu um passo atrás e em vez de reclamar sorriu. Na hora que o farol abriu para os pedestres, não atravessou e veio falar comigo. Disse que havia lido nos jornais a meu respeito e me convidou para comparecer ao programa "Feira Livre do Automóvel", na época apresentado por ele. A transmissão acontecia vivo todos os domingos pela manhã na TV Gazeta, direto da Praça Charles Miller, em frente ao Estádio do Pacaembu. Expliquei ao José Italiano as formalidades necessárias para minha participação e o pedido por escrito foi entregue ao Comando de Policiamento Trânsito e não houve objeções para a minha participação.

Era um programa diferente dos demais, os interessados em vender seus carros usados entravam em uma fila e seus automóveis eram exibidos diante das câmeras. Quem visse pela televisão e se interessasse pelo modelo apresentado se dirigia ao local e fazia o negócio. Dava tempo, o programa permanecia várias horas no ar e algumas transações aconteciam ali mesmo.

Como entrevistado falei da importância de se dirigir com cautela, enfatizei que a educação no trânsito consegue ser obtida sem multas, através de pequenas lições de conscientização para motoristas e pedestres. Durante a entrevista, subiu ao palco um rapaz que me deu de presente um álbum cheio de recortes de jornais com as reportagens que faziam sobre o meu trabalho. Dessas páginas recortadas por Claudio Tadeu Morelli, o jovem que me presentou naquele dia, extraímos algumas fotos que foram digitalizadas especialmente para ilustrar este nosso livro.

Sobre o apresentador e narrador esportivo José Italiano, quero contar que desde então passei a acompanhar o trabalho dele. Era um sujeito bem-humorado de estilo todo particular e gostava de fazer imitações. Uma delas era da voz e jeito de falar do ex-presidente do Corinthians, Vicente Matheus. Dizem que partiu do Zé Italiano a piada que em um dia de festa no Corinthians, o presidente do clube agradeceu à Antártica por ter enviado umas "braminhas". Zé Italiano imitava vozes dos técnicos de futebol Vicente Feola e Osvaldo Brandão. Estes são apenas alguns exemplos das imitações engraçadas de figuras do esporte feitas por José Italiano que morreu cedo, aos 55 anos, em 1986.

Zoológico do Agenor e o caso Serginho Chulapa

Houve um tempo em que os assuntos polêmicos trazidos pela mídia eram depois repercutidos nas ruas pelas emissoras de TV em entrevistas curtas do tipo, "o povo fala". Para isso repórteres e cinegrafistas, costumeiramente, passavam pela esquina da Xavier de Toledo com a Praça Ramos para obter opiniões.

Um acontecimento verificado em 1975, que teve grande repercussão, foi a morte de um adestrador de animais atacado por uma elefanta dentro de um zoológico particular localizado na Rua do Imperador - Vila Guilherme. Agenor Gomes tratava de todos os bichos como se fossem seus filhos, por isso demorou algum tempo para que a Polícia Civil chegasse a uma conclusão sobre os motivos da elefanta Bruma ter atacado seu dono, justamente aquele que a alimentava.

O zoo inaugurado em 1949 funcionou durante 33 anos quase sem nenhum incidente, mas após o triste acontecimento todos os jornais deram destaque, as rádios abordaram o tema, a televisão foi até o local fazer imagens. Depois vieram as repercussões. Alguns moradores passaram a defender o fechamento do lugar, outros pediam somente que a elefanta fosse abatida para não haver riscos dela atacar outras pessoas.

Repórteres de TV foram à Rua Xavier de Toledo para saber o que o povo achava. Entre uma pergunta e outra quiseram saber também, a minha opinião. Era um assunto que nada tinha a ver com o meu trabalho, mas insistiram para que opinasse assim mesmo. Contei que desde minha chegada a São Paulo, sempre morei na zona norte e conhecia o zoológico.

Alguma coisa que não partiu do Agenor irritou a elefanta, foi o que expliquei.

No fim das contas os peritos concluíram que Bruma foi para cima do adestrador por ciúmes, não de algum filhote, mas de uma égua que fazia companhia a ela no espaço de confinamento. Após a conclusão das investigações a prefeitura desapropriou o terreno e deu por encerrada as atividades do zoo. Os animais foram transferidos para o Parque Municipal Jardim Zoológico da Água Funda. Bruma também foi levada para lá e só se acalmou quando colocaram novamente a égua junto com ela. A elefanta permaneceu por lá até sua morte e não causou mais nenhum outro transtorno. Nascida na Índia, a elefanta Bruma cresceu no Egito. Disseram que lá sim, sofreu maus tratos de seu antigo dono.

Outra reportagem onde se buscou a opinião do povo aconteceu após o atacante Serginho Chulapa, do São Paulo, ter agredido um bandeirinha durante a partida entre o tricolor e o Botafogo de Ribeirão Preto, válida pelo Campeonato Brasileiro de 1977. O São Paulo perdia por 1x0 e aos 45 minutos do segundo tempo, Serginho marcou aquele que seria o gol de empate, mas o auxiliar, Vandevaldo Rangel, assinalou impedimento e o camisa 9, inconformado, foi pedir explicações. Na sequência deu lhe um pontapé. Expulso de campo foi a julgamento no Tribunal de Justiça Desportiva.

Me perguntaram no meio do vai e vem do povo, qual seria meu veredito: Como nunca fui a favor da violência considerei que o jogador merecia uma punição. Semanas depois, Serginho Chulapa foi julgado e condenado pelo TJD com a suspensão de 14 meses, período em que ficou proibido de jogar futebol. De minha parte, embora de início tenha defendido a punição, considerei depois a pena longa demais, O fato é que

Serginho Chulapa era um goleador e são os gols que dão alegria ao futebol.

Participação em comerciais

Uma agência de publicidade me procurou para gravar um comercial de TV para a Mimo que acabara de lançar a "Fuga Maluca", brinquedo que possuía uma pista parecida à de um autorama, mas com carrinhos movidos a pilha. Na propaganda, um menino e uma menina brincavam. Eu me aproximava e dizia: "Cuidado crianças, não passem dos 80 quilômetros por hora!" A agência também colocou posteres em cada um dos andares do Mappin, com uma foto minha ao lado das crianças e assim promoveram as vendas.

Depois me chamaram para outro anúncio, este da Construtora Roque & Seabra, destinado aos jornais, revistas e outdoors. Na foto vestido de policial, sinalizava com a mão estendida tendo abaixo de mim os dizeres: "Parada Obrigatória". Este anúncio destinado à venda de apartamentos acrescentava: *"O Guarda Luizinho garante este bom empreendimento".*

Caixa do Fuga Maluca, sucesso de vendas em seu lançamento.

Ao longo da minha carreira de policial recebi convites vindos da Alemanha, Portugal, Argentina e Paraguai para palestras. Tais pedidos eram encaminhados por escrito ao Comando Geral da Polícia Militar. Até hoje quando recebo convites para comparecer a escolas para palestras ou em programas de televisão onde se exige o uso da farda, levo ao Comando de Policiamento de Trânsito o pedido dessas solicitações e só compareço devidamente autorizado.

De volta à vida civil

Em 13 de novembro de 1981 me desliguei da PM. Ficou a saudade do carinho com que todos me tratavam. Confesso que não foi uma decisão fácil, mas todos de minha família foram unânimes em dizer que já estava na hora de começar a descansar. Mesmo assim foi difícil no começo me acostumar com a nova rotina, uma outra realidade. Voltei a ser o Luiz Gonzaga Leite, mas Guarda Luizinho continuava e continua dentro de mim.

Parti para o ramo de lanchonetes, dei sequência ao tino comercial adquirido nos tempos da Tinturaria e Lavanderia Elegante. Instalei uma das minhas lanchonetes na Vila Mariana, esquina das ruas Domingos de Moraes e Padre Machado. Deu certo, voltei a ser comerciante, me fez bem. Senti que havia vida dentro de mim, mesmo não sendo mais um policial da ativa.

O bairro que escolhi foi preponderante para o sucesso de minha nova atividade. A Vila Mariana vivia sua fase de expansão, iniciada com a presença do Metrô e obtive bons lucros. Minha nova atividade serviu de impulso para a minha filha Alessandra, seu esposo Salvador Gallo, e meu filho Paulo

Eduardo, entrarem no ramo. Criaram o Bar de Vidro, marca registrada para quem visita a região do Tucuruvi e Parada Inglesa, na zona norte de São Paulo.

Em meio às atividades na minha lanchonete, vez por outra, os veículos de comunicação se lembravam de mim e me convidavam para participar de sua programação. Era a oportunidade de matar saudades dos tempos de policial e assim revisitar o cruzamento que já não estava mais tão movimentado, como nos tempos do Mappin. O movimento caiu ainda mais no início de 2023 quando uma das filiais das Casas Bahia que ocupava o mesmo prédio do Mappin, na Praça Ramos, encerrou suas atividades e o comércio no centro de São Paulo diminuiu mais ainda.

Através da Subprefeitura de Vila Mariana desenvolvi um trabalho voluntário de delegado, junto à Companhia de Engenharia de Tráfego – CET, no encaminhamento de pedidos da população como sinalização de tráfego ou reparos nas ruas das áreas abrangidas pela subprefeitura. Também ocupei o cargo de Diretor de Trânsito e Transportes, após uma eleição realizada em audiência pública promovida pela subprefeitura com resultados satisfatórios. Ressalto, não recebi nenhum auxílio financeiro para essas atividades, fiz tudo por benemerência e me sinto feliz por ter sido assim.

Quanto às lembranças de minhas atividades como policial, os atuais comandantes hoje enaltecem a importância do trabalho que realizei nas ruas em prol da melhoria do trânsito e quando sou convidado compareço aos eventos promovidos pela Polícia Militar.

Capítulo 9

Guarda Luizinho, candidato

De tudo que fiz na vida somente uma coisa me traz arrependimento, ter me candidatado a cargos públicos, erro que cometi duas vezes. Me justifico pelo fato de muita gente ter passado para mim a ideia de que se me candidatasse seria eleito com facilidade, mas na política, nada é fácil.

Compreendo que os elogios à minha pessoa foram feitos com sinceridade, mas durante uma campanha eleitoral, são tantos os apelos e tamanho, o bombardeio de propagandas e nomes, que o eleitor acaba mudando de opinião e vota nos candidatos tradicionais por uma série de motivos.

Descobri que para ser eleito a um cargo legislativo, é preciso ter boa estrutura, não só financeira, mas de bastidores. A política é cheia de bajuladores que promovem intrigas. São situações difíceis até de explicar. O lançamento de uma campanha eleitoral precisa ser preparado com antecedência com o apoio dos "caciques" de cada partido, detentores eles sim, do poder econômico dentro de cada agremiação política.

Se faz necessário visitar as bases eleitorais porque os partidos costumam ser fortes em uma região e fracos em outras. Então, precisamos saber onde estão os eleitores preferenciais e aqueles que já estão enfronhados no meio político e percebem certos detalhes que nós, marinheiros de primeira viagem não somos capazes de perceber.

Subir nos palanques ao lado dos que pleiteiam cargos majoritários, é muito importante, assim como, estar ao lado deles nas carreatas, showmícios e nas propagandas anunciadas nos jornais e agora, nesses tempos atuais, também pela internet. Enfim, mostrar o rosto, apresentar o nome e o número ao lado daqueles que possuem um potencial de votos maior que o nosso, é crucial porque se formos esperar espaço na televisão e no rádio, dentro do horário eleitoral gratuito, nada de melhor conseguiremos.

Outra obrigatoriedade de quem quer ser eleito, é ter propostas e saber discuti-las. Nessa questão não tive problemas porque o meu lema sempre foi o de melhorar a segurança do trânsito, através da conscientização, sem a necessidade de multas. Durante uma campanha, aquilo que dizemos precisa estar afinado com o discurso dos líderes majoritários do partido para quem sabe se obter deles a oportunidade, ainda que por poucos minutos, de falar aos microfones durante os comícios. Quem consegue tudo isso e possui alguma estrutura financeira pode sonhar em se eleger, mas aquele que espera apenas com o sorriso dos líderes e as verbas do partido, pode tirar o cavalinho da chuva, porque não conseguirá se eleger.

Deputado estadual - 1982

Escrevi tudo isso depois das experiências que tive, pois tudo que conquistei obtive através da força do meu trabalho. Graças a Deus, nunca faltou nada para a minha família. Como policial sempre agi de maneira honesta, sem esperar nada em troca. Em razão de tudo isso, nunca sobrou dinheiro a ponto de ter para gastar em campanhas eleitorais.

Em 1982 recebi a visita do deputado estadual Antônio Zacharias, que pertencia ao Partido Democrático Social - PDS, liderado em São Paulo pelo Dr. Paulo Maluf. Naquele ano - 1982 - haveria eleições para escolha de governadores através do voto direto, após 22 anos. Antônio Zacharias iria concorrer a uma vaga para deputado federal e me chamou para fazer dobradinha com ele, como candidato a deputado estadual. Argumentei que não tinha dinheiro e nem experiência política para ser candidato. Ele insistiu, me disse que havia marcado uma audiência com Paulo Maluf para acertarmos os detalhes das nossas campanhas. Essa reunião aconteceu e ficou acertado que parte das verbas de campanha a serem obtidas pelo PDS iriam custear minha candidatura.

Fiquei aguardando instruções do partido. Na convenção obtive legenda como candidato à Assembleia Legislativa com o número **11.133**. Para ser lembrado pelos eleitores acrescentei ao meu nome, a maneira como me chamavam nas ruas e passei a assinar; LUIZ GONZAGA GUARDA LUIZINHO LEITE.

Acreditei que teria chances de ser eleito, aguardei as verbas do partido. Esperei tanto que a campanha eleitoral terminou e os recursos não vieram. Não recebi nenhum tostão do partido, sequer mostraram minha fotografia e o meu número no horário eleitoral gratuito da televisão. Quase sem propaganda, não tive como me eleger e nem mesmo Antônio Zacharias se elegeu deputado federal naquele pleito.

Ainda assim, graças ao meu esforço pessoal junto aos eleitores, associado ao carinho da população, obtive um total de **8.969 votos**, quantidade que considerei expressiva para quem praticamente não fez campanha. Fiquei em **68º lugar dentro do partido** e na **posição 265ª da classificação geral**. Encerrada a eleição para governador, em 1982, o eleito foi André Franco Montoro, do MDB.

Vereador na capital paulista – Eleições 2000

Dezoito anos se passaram desde a malfadada experiência como candidato a deputado estadual. O tempo vai passando, as mágoas e frustrações se dissipam, a gente volta a sorrir e a fazer planos. Desde o término daquela eleição de 1982 me mantive na atividade de comerciante e me integrei a trabalhos de benemerência nos programas desenvolvidos pela Subprefeitura de Vila Mariana, bem como junto aos Consegs - Conselhos Segurança, sem receber deles qualquer remuneração. Vez por outra era convidado a dar entrevistas ou palestras sobre as minhas experiências de policial do trânsito acostumado a lidar com o público.

Eis que, numa tarde, pelo início do ano 2000, recebo um telefonema do ex-governador José Maria Marin que me chama para conversar. Naquele ano haveria eleições para prefeito e Marin se lançou candidato pelo Partido Social Cristão – PSC. Reunido em seu gabinete, me pediu para que saísse candidato a vereador. De início não aceitei pela experiência que tive na eleição de 1982. José Maria Marin, entretanto, mostrava-se animado e me convenceu ao dizer que seria seu candidato preferido à Câmara Municipal, pelo trabalho que fiz em defesa dos pedestres. Então, me imaginei na possibilidade de como vereador, apresentar um projeto que tornasse obrigatória a aula de educação de trânsito no currículo das escolas municipais. Movido por este sonho decidi ir à luta novamente.

Aquela eleição apresentou grande número de candidatos a prefeito de São Paulo, 16 no total. Alguns já tarimbados na política como Geraldo Alckmin e Fernando Collor de Mello, cuja candidatura acabou sendo indeferida pela Justiça Eleitoral. Assim, ele não pôde recorrrer.

Também se candidataram a ex-prefeita Luiza Erundina, o então senador Romeu Tuma, o professor Enéas Carneiro, o ex-prefeito Paulo Maluf e a deputada federal Marta Suplicy, que se sagrou vitoriosa naquele pleito disputado em dois turnos.

Além desses, outros nove candidatos, dos partidos considerados nanicos disputaram a eleição, entre eles José Maria Marin. Durante nossa reunião, Marin garantiu viabilizar as tão necessárias verbas, mas aconteceu a mesma coisa que na eleição anterior, de seu partido não obtive nada. Da mesma forma, não fui eleito e em definitivo dei um ponto final ao sonho de ingressar na política.

No relatório final do Tribunal Regional Eleitoral – TRE-SP, consta que o candidato a vereador pela coligação PSC-PT-doB, nº 20.555, **Luiz Gonzaga Guarda Luizinho Leite**, obteve **2.536 votos** que correspondem a **0,047% do eleitorado**;

portanto, **não fui eleito**. O candidato a prefeito José Maria Marin, conquistou no mesmo pleito, 9.691 votos, o equivalente a **0,016% do eleitorado**. Como a quantidade de candidatos a vereador em cada eleição, é sempre superior aos que concorrem a prefeito, ficou para mim o consolo de saber que, proporcionalmente, recebi mais votos que José Maria Marin.

***Agradecimentos ao Centro Memória Eleitoral do TRE-SP - CEMEL**

Capítulo 10

Polícia Militar reconhece a importância do policial amigo de todos

O ano de 2013 foi muito importante para o fortalecimento de minha relação pessoal, junto à corporação que tanto prezo e admiro, a Polícia Militar do Estado de São Paulo. Naquele ano recebi do **Centro Assistência Social e Jurídica da Polícia Militar – CASJ,** um troféu no formato em miniatura de uma viatura policial com os dizeres: "Heróis do Passado, Heróis do Presente, Heróis Para Sempre". Este evento contou com a organização do Capitão e hoje Coronel PM Cássio Roberto Ferraz, que naquela oportunidade me presenteou com uma farda semelhante à que usei nos meus tempos de corporação. Desde aquele dia, tenho usado este uniforme em todas as so-

Mariela Zarth Cabral ao meu lado com o troféu no formato de viatura policial.

lenidades promovidas pela Polícia Militar do Estado de São Paulo, às quais sou convidado.

O Coronel Cássio Roberto Ferraz me reabriu portas ao levar para os policiais em atividade, suas lembranças da minha atuação como policial de trânsito, amigo e defensor de motoristas e pedestres. Passei desde então a receber convites dos comandantes e sempre que posso, compareço às solenidades cívico-militares promovidas pela PM. Quando recebi esta homenagem do Coronel Cássio, em 2013, exercia a atividade de Conselheiro Tutelar da Região Santana/Tucuruvi e para minha alegria contei com a presença naquele evento da empresária, Mariela Zarth Cabral, para quem batalhei no sentido de que obtivesse vagas em uma creche para seus dois filhos. Tornou-se assim, grande amiga nossa e de minha família.

Homenagens do CPTran

Quando o Comando de Policiamento de Trânsito - CPTran comemorou 50 anos, em 16 de fevereiro de 2023, recebi das mãos do comandante, Coronel PM Edmilson Colonello, a **Moeda Desafio**, instituída para distinguir personalidades que de algum modo contribuíram de maneira relevante para o fiel cumprimento das missões relacionadas ao policiamento de trânsito.

A cerimônia de entrega aconteceu em frente ao Obelisco do Ibirapuera, na presença de autoridades civis e militares. Essa homenagem da corporação me deixou muito feliz. Nos discursos foi citado o reconhecimento ao nosso trabalho que ajudou a aumentar a confiança da população no policial de trânsito. Pena que não pude comparecer. Na ocasião me recuperava de uma cirurgia e, por recomendação médica, fiquei de repouso e impedido de sair de casa.

Passei por um problema que poderia ter se agravado, caso não fosse descoberto a tempo. Fui ao hospital para tratar de um problema de rotina porque periodicamente passo por avaliações médicas devido ao diabetes. De vez em quando o índice de açúcar no sague torna-se elevado e passo a tomar insulina. Submetido a exames, ficou constatada a existência de um problema a mais. Surgiu um pequeno tumor na cabeça, atrás do olho direito. Permaneci internado e passei por uma cirurgia para a retirada desse tumor considerado benigno pelos médicos. Foi uma operação delicada, mas concluída com sucesso. Nada, entretanto, me impediu de elaborar este livro em parceria com o jornalista Geraldo Nunes. Agradeço aos médicos que me atenderam para chegar a este resultado satisfatório e sigo vida normal.

Voltando ao assunto da "Moeda Desafio", a ideia surgiu nos Estados Unidos com o nome "Challenge Coin". São várias as versões que detalham sua origem, a mais aceita remonta à entrada oficial dos Estados Unidos, na Primeira Guerra Mundial, em 1917, quando americanos de todas as partes do país se apresentaram como voluntários para participar dos esquadrões de voo. Entre esses, havia estudantes das faculdades de Yale e Harvard que suspenderam seus estudos para defender os Estados Unidos da América.

Um desses jovens, pertencente a uma família rica, cunhou moedas em bronze sólido e presenteou os integrantes de seu esquadrão. Um deles colocou a moeda em uma pequena bolsa de couro e passou a usá-la presa ao pescoço. No entanto, seu avião foi atingido por uma artilharia terrestre e ficou danificado. Forçado a pousar atrás das linhas inimigas, foi capturado por uma patrulha alemã. A fim de desencorajar sua fuga, os alemães retiraram seus pertences e identificação, exceto a pequena bolsa de couro em volta do pescoço que, acredita-se, consideraram ser um símbolo religioso.

Aproveitando-se de um bombardeio noturno, o piloto americano escapou. Vestindo trajes civis, despistou as patrulhas inimigas e percorreu o território dominado por eles até com certa facilidade. Assim, conseguiu chegar a um posto avançado do exército francês. Estes, considerando que sabotadores alemães teriam se infiltrado utilizando trajes civis, não reconheceram o sotaque americano do jovem piloto e, a princípio, o trataram como se fosse um inimigo. Prontos para executá-lo, visto que não possuía nenhuma identificação, notaram em seu pescoço a pequena bolsa de couro e dentro dela a moeda reconhecida pelos franceses ao visualizarem a insígnia do seu esquadrão. A execução do piloto foi atrasada, em tempo suficiente para confirmar sua identidade. Graças à moeda, ao invés de lhe darem um tiro, deram-lhe uma garrafa de vinho.

Após o ocorrido tornou-se tradição entre os americanos, levar um medalhão ou moeda em todos os lugares. Para garantir que todos os integrantes mantivessem consigo este tipo de identificação, foi lançado um desafio em que o desafiante iria pedir para ver a moeda e se o desafiado não a possuísse, perderia a aposta. Se o militar desafiado, entretanto, apresentasse a moeda; o desafiante é que perderia.

Inspirados neste acontecimento, o Capitão PM Max Wilson, do 2º Batalhão de Policiamento de Trânsito e o Capitão PM Roberto Ferreira de Oliveira, do Comando de Policiamento de Trânsito, tiveram a ideia de instituir a "Challenge Coin", como forma de premiação por agradecimento a todos que colaboram nas ações de proteção desenvolvidas pela corporação.

Os símbolos e as tradições da Polícia Militar devem ser cultuados e preservados e o Comando de Policiamento de Trânsito, com o seu símbolo da "Águia Negra" sobreposta à bandeira do Estado de São Paulo, deseja manter viva sua história de valorização e reconhecimento aos policiais militares de todas as épocas, bem como aos parceiros, colaboradores e amigos que ajudam a manter o ânimo forte e a fé na nossa missão.

Distintivo do Comando de Policiamento de Trânsito - CPTran.

Todo o histórico aqui trazido ajuda explicar a importância da "Moeda Desafio", à qual fui agraciado também, em 27 de abril de 2017, pelas mãos do Coronel PM Claudir Roberto Teixeira de Miranda, então Comandante do Policiamento de Trânsito - CPTran.

A partir da redemocratização do país, a Polícia Militar do Estado de São Paulo, legalista como sempre foi, deu início a um processo de aproximação do policial com a população e desde então passei a ser solicitado para ficar mais próximo da minha querida e sempre respeitada Polícia Militar do Estado de São Paulo e essas homenagens sempre me deixam feliz. Para o ano de 2015, por exemplo, o CPTran preparou na época um calendário em homenagem aos policiais veteranos com

Esta foto ilustra um dos calendários do CPTran.

12 fotos relativas a cada mês do ano. No alto do calendário os dizeres: *"Guarda Luizinho, ilustre veterano do CPTran"* e *"Veteranos heróis do passado, heróis para sempre".*

Por ocasião do Dia do Soldado, em 25 de agosto de 2022, recebi na sede da 4ª Companhia do 5º Batalhão de Policiamento Metropolitano, na Rua dos Camarés, 94, em Santana, através do comandante Capitão PM Luiz Augusto Alves Tavares, o Diploma de Agradecimento pelo Dia do Soldado, com os dizeres:

"Como forma de singela homenagem ao Guarda de Trânsito que marcou uma geração e se tornou ídolo na cidade de São Paulo".

Na sede do Comando de Policiamento de Trânsito, na Rua Visconde de Paranaíba, encontra-se um quadro oferecido pelo artista plástico Edu das Águas que registrou em uma tela nossa atividade de policial do trânsito na confluência da Praça Ramos com o Viaduto Chá.

Programa Educacional de Resistência às Drogas e contra a Violência

Colaboro com a Polícia Militar para o sucesso do Programa Educacional de Resistência às Drogas e à Violência – Proerd, que consiste num esforço cooperativo que envolve a Polícia Militar, escolas e familiares dos alunos. A finalidade é capacitar jovens estudantes do ensino fundamental para um convívio social saudável, sem drogas e violência. As crianças são orientadas quanto aos perigos provenientes do uso de álcool e drogas. Pais ou responsáveis também são orientados sobre como lidar com o assunto em casa. Esse trabalho é fruto do esforço cooperativo que envolve policiais da ativa e da reserva. Sempre que solicitado compareço aos eventos do Proerd para prestar meu apoio naquilo que os coordenadores precisarem.

Quadro colocado na sede do CPTran, ao meu lado o Cel.PM Alexander Gomes Bento e o artista plástico Edu das Águas.

Medalha Brigadeiro Tobias

Na entrega da Medalha Brigadeiro Tobias compareci fardado.

No dia 15 de dezembro de 2022, data de aniversário da Polícia Militar, fui condecorado com a sua mais alta honraria, a Medalha Brigadeiro Tobias. A honraria foi instituída por meio de decreto estadual em 1965, para homenagear personalidades militares e civis por atos relevantes feitos em favor da população através da nossa Polícia Militar do Estado de São Paulo.

Com o governador Tarcísio de Freitas.

A outorga da Medalha Brigadeiro Tobias, se deu pelas

mãos Coronel PM Alexander Gomes Bento, ex-comandante do CPTran, que esteve comigo na recepção do quadro de Edu das Águas, em um evento realizado na Praça Ramos de Azevedo.

Medalha PM ZITO

Fui condecorado com o PM ZITO ainda nos tempos de policial da ativa, pelos bons serviços prestados à comunidade. Essa medalha é muito valiosa para nós policiais e a condecoração me foi entregue pelo Coronel Albertino Lopes de Aguiar – Comandante do 1º Batalhão de Trânsito da Polícia Militar BPTran, em 1976.

Conselheiro Tutelar Região Santana-Tucuruvi

Se na política partidária não tive sorte, já não posso dizer o mesmo das eleições para a escolha de integrantes do Conselho Tutelar da Região Santana – Tucuruvi, onde resido. Fui o mais votado nas duas primeiras gestões que participei, entre 2005 e 2008. Obrigatoriamente, depois de duas gestões seguidas, é preciso ficar fora pelo menos uma gestão. Retornei entre 2016 e 2020, eleito sempre pela população.

Os Conselhos Tutelares foram criados em 1990, após a publicação do Estatuto da Criança e do Adolescente - ECA, com a finalidade de zelar pelo cumprimento dos direitos da criança e do adolescente. Os conselheiros são escolhidos pela própria comunidade para um período de quatro anos.

A atividade de um conselheiro consiste em garantir às crianças e adolescentes direitos básicos como acesso à educação e primeiro emprego, além de prestar aconselhamento aos pais ou responsáveis, em relação a determinada criança vítima de maus tratos. Esse trabalho se inicia geralmente a partir de denúncias.

Temos o poder de expedir requisições ao Ministério Público, para o atendimento desses direitos. É muito comum a requisição de matrícula para crianças ou adolescentes normais, ou com algum tipo de deficiência, nas escolas públicas, bem como o atendimento médico.

Somos acionados em qualquer situação que configure ameaça ou violação aos direitos de menores de idade por falta, omissão ou abuso dos pais. Como conselheiro tutelar passei a receber, e atendi, muitos pedidos de fornecimento de cadeiras de rodas, cadeiras de banho, camas hospitalares. O mais importante de minha parte, entretanto, foi a chance de poder encaminhar jovens para o primeiro emprego através de ofícios endereçados a empresas ou ao Centro de Aprendizagem Profissionalizante. Muitos adolescentes se firmaram no emprego e seguem trabalhando até hoje. Outros até já se formaram em profissões de nível superior, como é o caso do Dr. Rafael Silva de Oliveira, advogado a quem conheci quando adolescente e dei a ele os encaminhamentos necessários para fazer dele um cidadão dinâmico, estudado e ativo.

Consegs aproximam polícia da comunidade

Para que servem os Conselhos Comunitários de Segurança – Consegs? Os Consegs atendem aos moradores de um mesmo bairro que se reúnem para discutir, analisar, planejar e acompanhar a solução de seus problemas comunitários de segurança pública. Os próprios moradores nos ajudam depois a desenvolver campanhas educativas para estreitar laços de entendimento e cooperação entre as lideranças locais.

Cada Conselho funciona como entidade de apoio às polícias nas relações dela com a comunidade para que haja adesão, discussão e cumprimento das diretrizes de segurança. As reuniões ordinárias dos Consegs são mensais, realizadas normalmente no período noturno em imóveis de uso comunitário, segundo uma agenda definida no início de cada ano. A Secretaria de Segurança Pública tem como representantes, em cada Conseg, o Comandante da Polícia Militar da área e o Delegado de Polícia Titular do correspondente Distrito Policial, juntamente com os representantes da Guarda Civil Metropolitana - GCM e da comunidade.

Participo dos Consegs desde 2002, sou Diretor dos Negócios Relacionados ao Trânsito do Conseg Água Fria – Tremembé, presidido por Silvonei Amaro. Também compareço às reuniões do Conseg Casa Verde-Santana, presidido pelo eminente Dr. Vicente Berrico Neto. A legitimidade dos Consegs, tem sido reconhecida pelas várias esferas de governo e por institutos independentes de análise da segurança pública. Isso me permite afirmar que os Consegs representam hoje a mais ampla, sólida, duradoura e bem-sucedida iniciativa para que se tenha uma polícia voltada e orientada em prol da comunidade.

Nesta relação povo-polícia, polícia-povo, muito do que sempre defendi tornou-se realidade. Nesse aspecto entendo que evoluímos muito e isto se deve, em grande parte, à atuação dos Conselhos Comunitários de Segurança - Consegs.

Título de Cidadão Paulistano

Vou começar pela história do saudoso professor Paulo Rui de Oliveira, nascido em Serra Azul, município vizinho a Ribeirão Preto, em 1942. Seu falecimento na capital paulista aconteceu no ano 2001. Com uma trajetória de vida marcada pelo pioneirismo, Paulo Rui de Oliveira foi o primeiro presidente negro da Câmara Municipal de São Paulo.

Neste diploma se encontra a assinatura do vereador Paulo Rui de Oliveira.

Eleito vereador pelo então Partido Democrático Social - PDS, tomou posse em 1º de fevereiro de 1981 e permaneceu na presidência do legislativo municipal, durante as gestões de dois prefeitos; Reynaldo de Barros e Antônio Salim Curiat. No cargo, Paulo Rui de Oliveira presidiu a câmara até o término do seu mandato, em 1º fevereiro de 1983.

Sempre que passava de carro pelo cruzamento da Xavier de Toledo com a Praça Ramos, Paulo Rui de Oliveira arrumava um jeito de me cumprimentar. Quando, passou por lá e não me viu, quis saber o que tinha acontecido. Ao receber a confirmação de minha saída do cruzamento, aprovou com unanimidade dos demais vereadores, o **Título de Cidadão Paulistano**, que me foi entregue junto com a **Medalha Anchieta** pelos serviços prestados à população.

Prêmio Santo Dias de Direitos Humanos

Na noite de 9 de dezembro de 2005, recebi na Assembleia Legislativa do Estado de São Paulo – Alesp, o **Prêmio Santo Dias de Direitos Humanos**, em homenagem ao trabalho que desenvolvi pela superação da violência no trânsito. Outras 34 pessoas representando entidades que também atuam em defesa da vida, foram agraciadas. Em seu discurso, o deputado estadual Ítalo Cardoso, organizador do prêmio, destacou a importância do nosso trabalho de policial nas ruas do centro: "Como exemplo de solidariedade", disse o deputado e acrescentou: "O Guarda Luizinho mudou a relação motorista-pedestre em nosso Estado, quando atuou defronte ao antigo prédio da Light e do Mappin. Seu exemplo serve de referência obrigatória a ser citada quando o assunto é educação e combate à violência no trânsito."

Ateneu Rotário

Merece menção a homenagem feita pelo **Rotary Clube de São Paulo**, ainda nos meus tempos de farda com o diploma e troféu **Ateneu Rotário – Prêmio Personalidade do Ano na Área de Atividades Humanas – 1979**. Foi uma cerimônia muito elegante realizada nas dependências do Colégio Rio Branco, Avenida Higienópolis – capital paulista, na qual compareci ao lado da minha querida e inesquecível Marli.

Criado na cidade de Chicago, nos EUA, no ano de 1905, o **Rotary** é a mais antiga organização internacional de clubes de prestação de serviço à sociedade. Os associados a esses clubes são chamados de rotarianos. São homens e mulheres que prestam serviços voluntários às comunidades onde atuam profissionalmente. Ajudam promover a ética nos negócios e no desenvolvimento de projetos em diversas áreas, como saúde e educação, sempre com o propósito de estimular a boa vontade e a paz mundiais.

Rotary presente em 218 países

O Rotary possui mais de 36 mil representações que ao todo reúnem cerca de 1,2 milhão de voluntários. Cada clube escolhe seus próprios dirigentes e tem uma considerável autonomia, respeitando sempre os estatutos e o regimento interno estabelecidos pelo **Rotary International**. Regionalmente, estes clubes estão agrupados em distritos.

O Brasil é um dos países onde o Rotary é mais forte, conta com 2.413 Rotary Clubes e 51.265 rotarianos (estes dados são de fevereiro de 2021). Três brasileiros já presidiram o Rotary International, com sede em Evanston, no Illinois - EUA.

Entre os mais conhecidos projetos do Rotary International está a campanha mundial de combate à poliomielite, desenvolvida desde meados dos anos 1980 em parceria com a Organização Mundial da Saúde e outras entidades. Esta campanha reduziu em 99% os casos mundiais de pólio. No Brasil, a doença permanece erradicada desde 1989.

Capítulo 11

Comentários e outras homenagens

Criaram para mim, uma "Fan Page" no Facebook, já há cerca de 5 mil seguidores. Leia alguns comentários lá deixados pelos nossos amigos e admiradores:

Walkíria Godoy - Grande Guarda Luizinho!... você serve de exemplo para muitas pessoas, um grande abraço.

Luiz Carlos Guimarães - O Guarda Luizinho era um cara muito conhecido ali no centro de São Paulo, próximo ao antigo Mappin. Gosto muito dele.

Carmem Lúcia A. Garcia - Tenho muitas histórias para contar sobre ele. Lembro bem! Certa vez fui ao Mappin e um office-boy atravessou a rua com farol aberto para os carros. Kkk, ele correu e trouxe o cara de volta. Todos vaiaram o rapaz, inclusive eu.

Josefa Rodrigues Ferreira - Tentei correr dele, joguei meu cabelo para ele não ver o meu rosto, mas não teve jeito. O Guarda atravessou, segurou no meu braço e disse: "Agora mocinha, vamos atravessar de braços dados". Parecia até música, coisa de cinema, aí ficamos amigos e conversamos até hoje.

Alba Medardoni - Guarda Luizinho, herói de muitos!

Alex Wagner Bezerra - Guarda Luizinho, ícone de São Paulo! Gosto de você.

Maria Cristina Oliveira Lima - Este é o meu herói querido! Viva o Guarda Luizinho!

Tero Oliveira - Na faixa de pedestres do farol em frente ao Mappin, trabalhava o guarda de trânsito Luizinho que fazia coisas que ninguém imaginava. Ensinava os pedestres. Com ele aprendemos atravessar a rua e com todas essas atitudes, se tornou queridíssimo das pessoas que faziam aquele trajeto.

Rui Ribeiro – Fiz aquela travessia quantas e quantas vezes! Ele levava os pedestres pelo braço, tanto homem quanto mulher ou criança. Levava até o outro lado da rua e depois fazia o mesmo na direção oposta... Luizinho fazia coisas que ninguém imaginava que um guarda de trânsito fizesse.

José Antônio - Na faixa de pedestres ao lado do Mappin, o presenciei mais de uma vez: Quando um carro parava em cima da faixa, o Guarda Luizinho abria as portas do veículo e mandava o povo atravessar por dentro do carro.

Edson Olmos - Rua Xavier de Toledo quanta saudade! Guarda Luizinho, Mappin, Teatro Municipal. Passei semanas atrás pelo local e constatei completo abandono, muita sujeira, pichações, andarilhos e pobreza por todos os lados. Sou paulistano e adoro minha cidade... Sinto falta do Guarda Luizinho!

Wilson Piasa - Antigamente dava para ver a beleza dessa cidade início da década dos anos 1980. Guarda Luizinho cuidava de todos...

Alcides Mariano - Passei em frente ao antigo Mappin e lembrei da época em que o Guarda Luizinho fazia o maior sucesso...Gente boa demais.

Paulo Rogério Lanfredi - Meu saudoso pai pertenceu ao mesmo batalhão que o Guarda Luizinho. Papai usava farda e capacete iguais ao dele!

Osmar Fonseca – Luizinho, amigão. Recordar é viver.

Recebo mensagens também pelo **WhatsApp**. A ler me sinto emocionado com a gratidão das pessoas: Percebam:

> "Guarda Luizinho,
>
> Boas lembranças tenho da minha infância, entre elas os passeios que fazia na "cidade", centro de São Paulo, com meu pai. Passeávamos pelas principais galerias e comércio da região central, incluindo as paradas na calçada do Mappin para assistir suas intervenções no trânsito.
>
> Era divertido, chegamos a ver passar pessoas dentro de um Fusca/Táxi, que parou na faixa de pedestres. Me lembro do motorista sem jeito com a situação. Era um show a atuação do Guarda Luizinho. Carismático e sempre muito educado.
>
> No início da adolescência, estudei com o Paulo, filho do Guarda Luizinho. Anos depois nos reencontramos, hoje somos amigos da família. Que alegria fazer parte dessa história. Guarda Luizinho, registramos aqui nossa admiração, muito obrigada pela dedicação e pelos bons exemplos que deixou para nós.
>
> Sra. Ercy Paschoal e Família

Acróstico

Guardião dos mais necessitados e apressados
Único PM a não usar bala no revólver
Amor ao próximo e ao trabalho que exerce
Raridade em uma polícia desacreditada com tantas atrocidades
Dedicação total à população em geral
Amado, sempre conseguia algo inédito sem multa e sem atropelo

Luz extraordinária principalmente para as crianças
Único na história da PM a zelar pela população
Invejado pelos incompetentes e invejosos e nunca igualado
Zelo total pela população, por esta razão é sempre lembrado
Igual, nunca mais
Nunca houve com ele atropelamentos na Xavier de Toledo
Honestidade seriedade no seu trabalho
Ordem com pedestres e motoristas

"S"ua arma um sorriso
"S"eu talão de multas, um guia de ruas
Bons tempos: grato por tudo

Gilberto Menezes - Office boy

Conheci um office-boy nos meus tempos de Praça Ramos com Xavier de Toledo, era de boa conversa e me dizia que gostava de escrever poesias em versos e prosas. Certa vez apareceu trazendo nas mãos um acróstico e me deu de presente. Fiquei surpreso, mas na hora não tive tempo de ler. Coloquei no bolso e fui ler em casa ao lado da minha esposa. Ele me fez uma homenagem com belas palavras lindas palavras. No dia seguinte, agradeci ao rapaz imensamente e garanti que guardaria comigo aquelas letras singelas para sempre. Elas estão comigo em um quadro colocado na parede do meu escritório. Para quem não sabe, acróstico é um tipo de poesia em que as primeiras letras do nome são colocadas no sentido vertical e ajudam a formar os versos de um poema que pode ser dedicado a algum lugar ou pessoa. O autor fez antes uma introdução:

"Respeite os problemas alheios sem interferir neles, a menos que sua compreensão seja solicitada. Não pronuncie palavras que ofendam ou depreciem. Quando possível, dê sempre alguma frase de consolo e esperança a quem sofre. Não se faça de estação de pessimismo ou desânimo. Esqueça o mal que recebe e faça cobrança do bem que tenha podido destruir."

Outras homenagens

Certificados:

Conseg São Paulo Centro - Oferece ao Guarda Luizinho, certificado de reconhecimento pelos serviços prestados na área de Educação de Trânsito e Preservação da Vida durante as décadas 1970/80, na esquina da Rua Xavier de Toledo com Praça Ramos de Azevedo. Assinam: Marina A. Barbosa

– presidente: José Bordini vice-presidente – Carlos Telles 1º secretário – Marcos de Deus 2º secretário – Carlos Boutel – Diretor Social - São Paulo, 20 de junho de 2022.

Certificado de Honra ao Mérito ao Guarda Luizinho em comemoração aos 98 anos do bairro Lauzane. Assina: Marli Lodi - presidente do Centro de Apoio à Mulher e Sandra Santana – vereadora - São Paulo – 2022.

Certificado de Participação - 22º Encontro Estadual de Conselheiros e ex - Conselheiros Tutelares do Estado de São Paulo, nos dias 26, 27, 28 e 29 de setembro de 2017, em Campos do Jordão-SP. Tema: O impacto das Atribuições Funcionais na Saúde dos Atores do Sistema de Garantia de Direitos. Assinam: José Roberto de Oliveira - presidente do CMDCA Maristela do Amaral Freitas presidente da ACTESP e Frederico Guidoni Scaranello - prefeito de Campos do Jordão - Data: 29 de setembro de 2017.

Certificado: Oficina Municipal Escola de Cidadania e Gestão Pública: Confirmamos a participação do Guarda Luizinho na 1ª Oficina de Cidadania e Política – Princípios da Democracia, realizada entre 12 e 18 de janeiro de 2012. Assina: José Mário Brasiliense Carneiro – Coordenador Executivo da Oficina Municipal.

Centro de Apoio Social da Polícia Militar do Estado de São Paulo: certifica que o Sd.PM Luiz Gonzaga Guarda Luizinho Leite, foi homenageado na 3ª Edição do Dia dos Veteranos, em novembro de 2008. Assina: 1º Tenente Fábio Pereira de Aguiar – Coordenador do evento.

Certificado de Honra ao Mérito 2008/2009 oferecido pelo Conseg. Casa Verde – 13º Distrito Policial e 1ª Cia do 9º BPM/M ao Sr. Luiz Gonzaga Guarda Luizinho Leite pela demonstração de elevado espírito público e dedicação pelas causas da nossa comunidade – São Paulo, 5 de agosto de 2008.

Certificado de Participação: Jornada de Formação do Programa de Aprimoramento da Criança e do Adolescente do Estado de São Paulo - Rede Social São Paulo, em 19 de fevereiro de 2008. Assina: Any Aparecida F.O. Lavezzo - presidente do CONDECA SP.

Certificado de Gratidão e Reconhecimento: Conseg Vila Nova Cachoeirinha e Vila Amália ao Guarda Luizinho, pela participação nas ações deste conselho que muito contribuiu para a melhoria da Segurança Pública.

Assinam: Dr. Evandro Hilton Leal – Delegado Titular do 38º DP – Vila Amália – Cap.PM Andreia Vitor Lupineci – Comandante da 3ª Cia do 9º BPM/M – Lourdes de Freitas – Presidente do Conseg de Vila Nova Cachoeirinha.

Certificado da Prefeitura Municipal de São Paulo: Participação do Sr. Luiz Gonzaga Guarda Luizinho Leite no Seminário de Capacitação dos Conselheiros Titulares do Município de São Paulo – Mandato 2008/2011. Assina: Vitor Benez Pegler – Presidente do CMDCA – São Paulo, 31 de maio de 2008.

Certificado de Conclusão de Curso - Pontifícia Universidade Católica – PUC SP e Núcleo de trabalhos Comunitários - NTC "Identidade e Ação Social do Conselho Tutelar". Promovido pelo NTC em convênio com a Prefeitura Municipal de São Paulo/ Secretaria Municipal de Desenvolvimento Social-SMADS e Conselho Municipal de Direitos da Criança e do Adolescente-CMDCA. Assina: Professora Doutora Maria Stela Santos Graciane - Coordenadora do NTC. São Paulo 10 de abril de 2006.

Secretaria dos Negócios da Segurança Pública e Polícia Militar do Estado de São Paulo: Certificado de conclusão do Curso de Treinamento de Mobilização e Capacitação de Membros da Comunidade, desenvolvido pela Divisão de Polícia Comunitária e de Direitos Humanos da Polícia Militar do Estado de São Paulo – Ano 2006. Assina: Coronel PM Libório Cavalcante Neto - presidente da Comissão Estadual de Polícia Comunitária.

Certificado de participação: OAB-SP na palestra Evolução Histórica da Preservação Ambiental no Estado de São Paulo, proferida pelo Comandante da Polícia Ambiental do Estado de São Paulo - Coronel PM Carlos Alberto Ribeiro, na Associação Comercial - Distrito Santana. Assina: Rui Augusto Martins - presidente da 125ª subseção São Paulo, 21 de julho de 2005.

Certificado de Agradecimento: Alunos do curso preparatório do Núcleo da EDUCAFRO Jardim Tremembé. São Paulo, 25 de novembro de 2005.

Polícia Militar do Estado de São Paulo – Comando de Policiamento de Trânsito: Certificam que o Sd PM RE 77136-8 Luiz Gonzaga Leite, concluiu com aproveitamento o Ciclo de Instrução da Tropa Pronta, realizado no período entre 22 e 26 de março de 1976. Assina: Ten Cel PM Alberto Constantino Peredne – Chefe do Estado Maior do CPT.

Diplomas

Diploma de Honra ao Mérito – Prêmio Duque de Caxias - O Pacificador – "Ad Perpetuam Rei Memorian" – 214 anos (1803-2017). Em celebração da Semana Duque de Caxias – Patrono do Exército Brasileiro – Dia Nacional da Língua Portuguesa. Oferecido pelo Comando da 2ª Região Militar do Sudeste ao Sr. Luiz Gonzaga Guarda Luizinho Leite pelos relevantes serviços. Assina: Prof. Dr. Osvaldo Martins de Oliveira – São Paulo, 29 de junho de 2017.

Diploma "Heroes Tributa Patriae" e Medalha do Mérito Constitucionalista: a Luiz Gonzaga Guarda Luizinho Leite por seus méritos relevantes e serviços prestados com ênfase ao culto da epopeia cívica e patriótica da Revolução Constitucionalista de 1932, oferecidos pela Sociedade Veteranos de 32 MMDC e Núcleo MMDC Zona Leste. Assinam: Cel PM Mario Fonseca Ventura – Presidente da Sociedade Veteranos de 32 - Maj PM Natanael Soares Santos – Presidente do Núcleo MMDC Zona Leste - 3º Sgt PM Rosalin Dias Primo – Secretário Comendador da Medalha.

Diploma de Honra ao Mérito – Prêmio Olavo Bilac – 1º Príncipe dos Poetas Brasileiros – Personalidade de Destaque 2017 – 23ª Edição em celebração ao Dia da Justiça e Dia da Advogada. Assina: Dr. Osvaldo Martins de Oliveira – São Paulo 13 de dezembro de 2017.

Diploma por Relevantes Serviços Prestados ao Menor pelo Guarda Luizinho

Assinam: Samuel Alves de Mello Júnior – Juiz de Direito da Vara de Menores de Santo Amaro e Ibirapuera - São Paulo, 16 de dezembro de 1988.

Diploma da Câmara Municipal de São Paulo que em sessão solene homenageou em 24 de outubro de 2022, o Guarda Luizinho, pelos relevantes serviços prestados à comunidade, em comemoração aos 108 anos de fundação do bairro do Tucuruvi. Assinam os vereadores: Juscelino Gadelha, Kamia, Anibal e Cláudio Fonseca.

Diploma do Voto de Júbilo e Congratulações: Sr. Luiz Gonzaga Guarda Luizinho Leite, em comemoração ao

174º aniversário do Imirim, bairro no qual promoveu com sua experiência de policial do trânsito, o elo comunitário entre os moradores e seus representantes na Câmara Municipal de São Paulo. Assina: Vereador Claudinho de Souza – São Paulo, maio de 2007.

Diploma do Conselho Tutelar Setorial Norte pela participação do Guarda Luizinho nas festividades do 16º

aniversário do "Dia do Conselheiro Tutelar", instituído em 18 de novembro de 2000. Assinam: Marli Indalecio e Regina Andrade – Coordenadoras setoriais. São Paulo, 18 de novembro de 2016.

Diploma Cidadão da República de Vila Mariana

Assinam: Ruthinea de Carvalho - presidente da Câmara Brasileira de Turismo - Renato Cury - diretor-presidente da Sport Models - Walter Taverna - presidente da República de Vila Mariana - São Paulo, 16 de abril de 2016.

Diploma de Acadêmico Honorário oferecido pela Academia Brasileira de Poesia ao Guarda Luizinho – sem data.

Capítulo 12

Considerações Finais

Noções de trânsito devem ser transmitidas continuamente à população

Me sinto frustrado todas as vezes que leio em algum jornal a notícia de uma morte por atropelamento no trânsito e quando isso acontece no cruzamento da Rua Xavier de Toledo com Praça Ramos e Viaduto do Chá, onde trabalhei pela preservação de tantas vidas durante 11 anos, fico mais perplexo ainda. Arquivo em uma pasta esse tipo de notícia para citar como exemplo durante as minhas palestras. Vou apresentar alguns artigos.

Folha de S. Paulo - quarta-feira, 29 de março de 2006

Morte em Exposição – Alencar Izidoro – Reportagem Local

Homem é atropelado por ônibus perto da sede da prefeitura; cena atraiu curiosos durante toda a tarde.

"O corpo de um homem de 46 anos atropelado por um ônibus permaneceu ontem por mais de cinco horas no meio da

rua, em frente ao Teatro Municipal de São Paulo, a menos de 300 metros da sede da Prefeitura.

A presença da vítima, que ficou estendida num dos cartões-postais da capital paulista, atraiu uma multidão de curiosos durante toda a tarde. Guardas e agentes de trânsito tiveram dificuldade para preservar a área, invadida diversas vezes por crianças e adolescentes que vivem na rua e que chegaram a brincar com a poça de sangue.

Agenor Carvalho Filho, 46, foi ***atropelado por um ônibus da viação Santa Brígida no cruzamento da Praça Ramos de Azevedo com a Rua Xavier de Toledo****, uma das travessias de maior movimento em São Paulo, com mais de 6.000 pedestres a cada hora nos picos.*

O acidente fatal foi registrado pela Companhia de Engenharia de Tráfego-CET, às 13h34. O corpo foi retirado pelo Instituto Médico Legal-IML, às 18h50, depois das imagens da concentração de curiosos serem divulgadas ao vivo por emissoras de TV. A lavagem da via começou às 19h30.

Não houve transtornos ao trânsito porque ***a vítima ficou num lugar onde passam mais pedestres do que carros****. Ele* ***foi atropelado em cima da faixa de travessia****, mas, segundo testemunhas,* ***a indicação de verde do semáforo era favorável ao motorista do ônibus...”***

Cresce quantidade de atropelamentos

No ano de 2019 que antecedeu à pandemia do coronavírus e fez diminuir a quantidade de acidentes, em razão do isolamento social, a Companhia de Engenharia de Tráfego, divulgou números estarrecedores sobre a quantidade de atropelamentos verificados na cidade de São Paulo, conforme notícia publicada no Portal G1, da Rede Globo, em alusão ao Dia Mundial do Pedestre, lembrado todos os anos em 8 de agosto. As postagens mostraram que os riscos enfrentados pelos paulistanos no trânsito todos os dias, ainda permanecem.

Nove pessoas são atropeladas em média por dia em SP

Portal G1 – 08/08/2019 – 19h33

Atropelamentos fizeram 349 vítimas fatais na capital paulista em 2019

"Os dados da cidade de São Paulo mostram que não há muito para ser comemorado nesta quinta-feira, 8 de agosto, Dia Mundial do Pedestre. ***Todos os dias, 9 pessoas em média, são vítimas de atropelamento na capital paulista****, segundo dados da Companhia de Engenharia de Tráfego - CET.*

Só nos seis primeiros meses deste ano (2019) o seguro ***DPVAT pagou mais de 5 mil indenizações para pedestres*** *vítimas de acidentes ou para suas famílias. A maioria das ocorrências foi por invalidez permanente. Em toda a região metropolitana foram 850 mortes no trânsito neste período.*

Em 2018 foram 349 pedestres mortos na cidade de São Paulo*, de acordo com a CET. Em todo o Estado, os idosos representam um terço das vítimas fatais de atropelamentos: 225 das 675 mortes corresponderam a pessoas idosas..."*

2022: número de atropelamentos seguiu em alta, conforme números trazidos pelo Portal G1.

"Em toda a capital paulista, 2022 registrou 288 óbitos após acidentes dessa natureza, o que representa um aumento de 30% em comparação com 2021 quando aconteceram 222 mortes.

As marginais do Tietê e Pinheiros, principais vias expressas da capital paulista, registraram 18 mortes por atropelamento em 2022, segundo levantamento feito pelo 2º Batalhão de Polícia de Trânsito - BPtran, da Polícia Militar, obtido pela GloboNews.

*Este **número representa o dobro das nove mortes contabilizadas nessas mesmas vias em 2019**, ano anterior ao do início da pandemia da Covid-19, e supera também a quantidade de vítimas fatais atropeladas em 2021..."*

Dia Mundial do Pedestre

O Dia Mundial do Pedestre, lembrado todos os anos em 8 de agosto, surgiu de uma iniciativa da Organização das Nações Unidas – ONU para alertar as populações do mundo todo, quanto à prioridade da segurança do trânsito estar voltada para os pedestres, considerados como os mais vulneráveis nas situações de perigo.

O motivo da data é que em 8 de agosto de 1969, os **Beatles atravessaram a faixa de pedestres da Abbey Road - Londres**, para a foto mundialmente famosa da capa de um de seus álbuns mais famosos. Assim como John, Ringo, Paul e George, todos nós somos pedestres.

Os principais usuários das vias públicas são os pedestres. Mesmo quem é ciclista, motociclista, motorista profissional ou amador, após estacionar seu veículo, se torna pedestre em algum horário do dia ou da noite. Nem sempre, entretanto, há respeito e cuidado com os que circulam a pé por parte daqueles que estão dirigindo.

Quem ama protege e respeita

Além de ser um ato de respeito e civilidade, ter cuidado com o pedestre é uma demonstração de amor à vida e isso não tem preço. Precisamos ter amor ao próximo!

Pedestre: Atenção!

Os seus direitos e deveres estão no capítulo IV do Código de Trânsito Brasileiro. Algumas regras e orientações precisam ser seguidas, para a sua segurança e dos demais usuários das vias. Sendo assim, leia essas recomendações:

– Procure sempre atravessar na faixa. É mais seguro.

– Havendo faixa de pedestres ou passarela, opte por uma delas, não se arrisque entre os carros.

– Em faixas onde existe o semáforo, atravesse sob sinal verde de travessia para o pedestre e saia para atravessar somente depois que todos os veículos estiverem parados.

– Onde não houver faixa e nem sinalização, aguarde na calçada o momento certo para atravessar com segurança, olhe para os dois lados da pista.

– Não caminhe pela rua onde passam os automóveis, utilize-se da calçada e afastado da pista.

– Preste atenção no trânsito, cuidado principalmente com os motociclistas que costumam fazer zigue-zague entre os carros parados no trânsito. Evite atravessar no meio do quarteirão. Nas margens das vias observe se há ciclistas fazendo uso das ciclofaixas.

– Fique atento e não se distraia com o celular e as músicas no fone de ouvido.

– Jamais confie que o motorista de um carro irá frear para que você atravesse na frente dele, aguarde sempre a sua vez para poder caminhar tranquilo e com segurança. Não tenha pressa, porque esta, sempre foi inimiga da perfeição.

São essas as minhas recomendações:

Assina,

Guarda Luizinho, seu amigo de sempre!

Povo alinhado sobre a calçada em obediência às leis do trânsito.

O Guarda nos Anos 70

O Guarda, hoje aposentado

Álbum

Antes de ser policial, o jovem Luiz Gonzaga Leite serviu ao Exército no CPOR e fardado tira foto em frente ao busto do Duque de Caxias.

No dia de seu casamento, ao lado da esposa Marli, seu pai Pedro Leite e ao lado de uma convidada, Dona Emília, avó de Marli.

Luiz Gonzaga Leite entrou na Guarda Civil em 1965 e optou em ingressar nos quadros da Polícia Militar no ano de 1970.

Luizinho se torna ídolo das crianças e uma agência o convida para promover o brinquedo Fuga Maluca, sucesso de vendas.

Prestes a deixar a farda, comparece ao Palácio dos Bandeirantes e assina ficha de filiação ao PDS, partido do então vice-governador José Maria Marin.

Exercendo atividades civis, se candidata a deputado estadual pelo PDS e muda o nome para Luiz Gonzaga Guarda Luizinho Leite.

Durante a campanha eleitoral se reúne com correligionários.

Após se aposentar Luizinho é procurado por um admirador que organiza uma exposição de recortes com reportagens sobre sua atividade policial.

Apesar de não ter sido eleito deputado estadual, o guarda seguiu lembrado pela mídia e concede entrevista a Jô Soares no SBT.

No CPTran, sob comando do Cel. PM Alexander Gomes Bento, é afixado quadro do Guarda Luizinho feito por Edu das Águas.

Luizinho Gonzaga Leite e Geraldo Nunes reunidos para selecionar as fotos do livro.

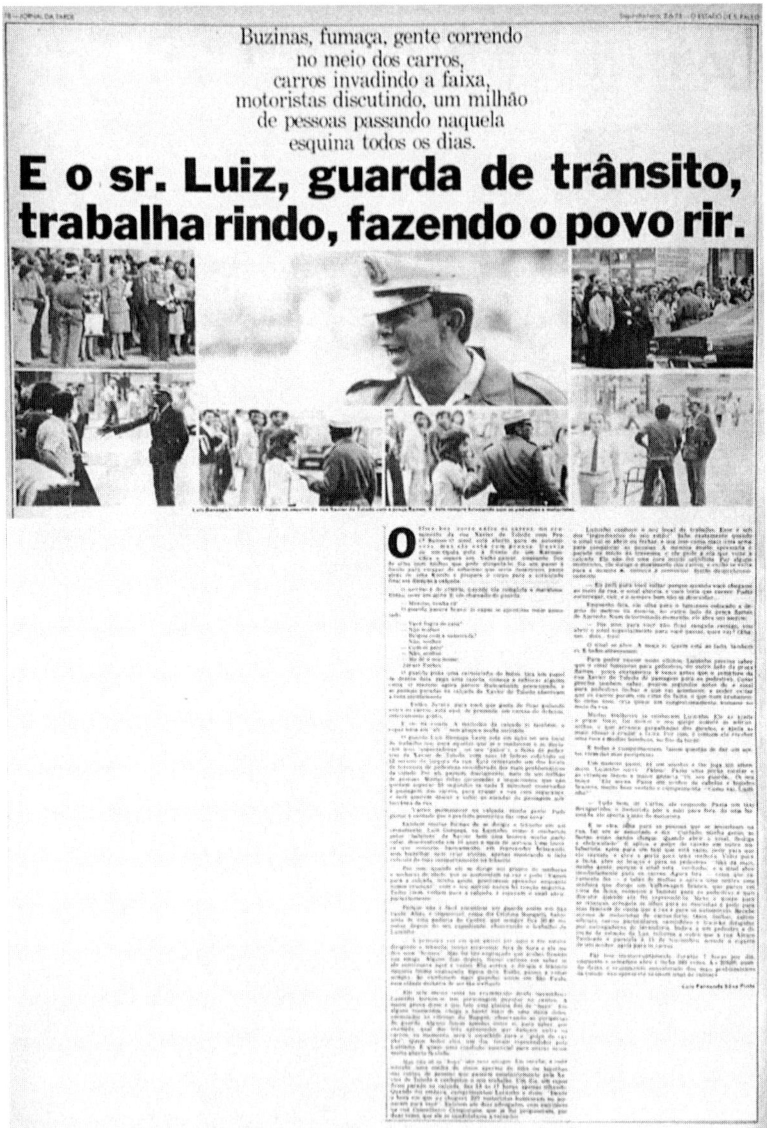

Buzinas, fumaça, gente correndo no meio dos carros, carros invadindo a faixa, motoristas discutindo, um milhão de pessoas passando naquela esquina todos os dias.

E o sr. Luiz, guarda de trânsito, trabalha rindo, fazendo o povo rir.

Guarda Luizinho é manchete no Jornal da Tarde, edição de 3 de junho de 1975.

Luiz Gonzaga Leite inspira obra de arte ao artista plástico Edu das Águas.

O REI DO TRÂNSITO

GUARDA LUIZINHO TROCOU A MULTA PELA ORIENTAÇÃO E A EDUCAÇÃO NO LUGAR PUNIÇÃO.

www.guardaluzinho.com.br

" Guarda Luizinho o Rei do Trânsito" Amigo dos motoristas e pedestres"

Esquecido pelas autoridades e prefeitura mas sempre lembrado pela população.

"Lembrado para estrelar a campanha de trânsito"

Passaram-se mais de três décadas e o guarda Luizinho continua na lembrança da população.

Com seu jeito peculiar de trabalhar, visando o bem estar dos motoristas e pedestres, nenhum pedestre foi atropelado a onde o Luizinho trabalhava, inovador, um guarda de transito com uma visão muito avançada na época, pioneiro na educação de transito e percursos de uma policia comunitária, o primeiro guarda de transito no Brasil a mão, chegando a pintar o solo com uma seta indicativa de mão e contra mão, a diferença do guarda Luizinho foi muito grande, ele pedia e não mandava, fez de sua farda uma arma para a educação, todos obedeciam ,pedindo para os pedestres aguardarem o semáforo na calçada, e veículos fora da faixa de pedestre, quando um pedestre atravessava a rua com o sinal fechado ele trazia de volta para aguardar na calçada, muitas vezes levava o pedestre de volta de mãos dadas até o outro lado da rua e o presenteava com uma caveirinha símbolo do pedestre apressado, quando o motorista parava na faixa de pedestre solicitava que ele abrisse as portas do seu veículo e os pedestres passavam por dentro do carro, era respeitado por todos, sem multas e sem bala no revolver todos o obedeciam, recebemos varias cartas e ligações telefônicas dos motoristas e pedestres perguntando porque a C.E.T. não utilizou o talento do guarda Luizinho pioneiro na educação do transito.

"podendo muito bem estalar a campanha ao respeito da faixa de pedestre"

A população lembra muito bem do guarda Luizinho,a prefeitura não lembra, esquecendo de um mito do trânsito, o guarda Luízinho, marcou bem a historia de São Paulo.

O guarda Luizinho hoje faz palestras de transito é presente nas formaturas do ***PROERD*** da policia militar, recentemente foi homenageado pelo comando de policiamento de transito da capital pelo coronel Veloso, parabéns guarda Luizinho por tudo que você fez por nós.

Publicação exalta a importância do Guarda Luizinho e o classifica como Rei do Trânsito.

O DE S. PAULO — Sexta-feira, 5-3-76 JORNAL DA TARDE — 13

VELA POLICIAL

Tiro no trânsito. Morte, atropelamento, fuga. E chega Luizinho, o guarda do Mappin.

O homem matou depois de levar um soco. E fugiu para o lado errado: a calçada do Mappin.

Passava um pouco das sete da noite de ontem e, apesar da hora, o movimento de carros e pedestres era pequeno na rua 7 de Abril. Pouca gente viu o desentendimento entre os dois motoristas. O do Passat amarelo desceu do seu carro após uma curta discussão e enfiou o braço pela janela do táxi Corcel, acertando um soco no outro motorista. Tentava repetir o golpe quando caiu no chão, ferido por um tiro.

Enquanto era agredido, o chofer do táxi havia puxado um revólver calibre 38 e apertara o gatilho antes de receber o segundo golpe.

As pessoas que passavam pelas calçadas da 7 de Abril, quase esquina com a Xavier de Toledo, viram então o passageiro que ia no táxi sair por uma porta e o motorista por outra. O passageiro desapareceu, correndo muito; o motorista, depois de um momento de indecisão, ouviu gritos de "pega! pega!" e também saiu correndo.

E o táxi Corcel, abandonado em ponto morto, começou a descer pelo declive que existe naquele ponto, subiu na calçada e atropelou dona Guiamar Cintra de Moraes, de 79 anos, que acabara de sair de um cabeleireiro na 7 de Abril. Ouvindo o tiro, ela tentou correr, como outras pessoas, mas foi atingida por trás.

Enquanto dona Guiomar e o motorista do Passat, Job Laurentino Vieira, eram levados em carros diferentes para hospitais — ela com ferimentos leves e ele já inconsciente — o motorista do táxi, Aderbal Freitas Carvalho, fugia correndo pela Xavier de Toledo.

Foi então que alguém se lembrou de "Luisinho", Luiz Gonzaga Leite, policial de trânsito muito conhecido pela cordialidade ao comandar a travessia de pedestres na Xavier de Toledo, em frente ao Mappin. Luisinho estava em seu ponto e ouvia o aviso gritado de longe: aquele homem que corria pela outra calçada devia ser detido. E ele avançou para segurar o homem.

Aderbal viu o guarda fardado e tentou enganá-lo. Desceu pelas escadas de passagem subterrânea que liga as calçadas da Light e do Mappin correndo mais depressa ainda. Luizinho parou, tirou o capacete para confundir o homem que fugia e foi esperá-lo na saída da passagem, ao lado do Mappin.

Mesmo sem saber se Aderbal estava ou não armado, o policial, assim que ele saiu de passagem, disse-lhe em voz firme que estava detido. O revólver havia sido abandonado no táxi. Aderbal não esboçou a menor reação. Parecia inútil tentar fugir.

Ele ainda não sabia, mas àquela altura o motorista do Passat, Job Laurentino Vieira, já estava morto.

Job, que era propagandista da Pfizer, foi socorrido, já inconsciente, pelo PM Manuel Francisco Nunes. O PM pôs o ferido num táxi e, no caminho do Pronto Socorro da Santa Casa, decidiu removê-lo para uma Variant da Secretaria de Saúde que viu estacionada.

Achava que, assim, a vítima poderia ser transportada com maior segurança sobre os bancos traseiros reclinados da perna. Além disso, pensou o policial, os carros das secretarias trafegam com chapa branca, o que lhes garante uma mobilidade bem maior no trânsito, em casos de emergência. Cuidado inútil: Job Laurentino Vieira, gravemente ferido, morreu antes de chegar à Santa Casa.

A outra vítima da briga dos dois motoristas, dona Guiomar, foi socorrida por pessoas que viram o atropelamento. Ela sangrava no crânio e foi levada até o Pronto Socorro Municipal do Vergueiro, em uma viatura do Tático Móvel, contra a sua vontade, pois a todo instante protestava dizendo que aquilo não era nada.

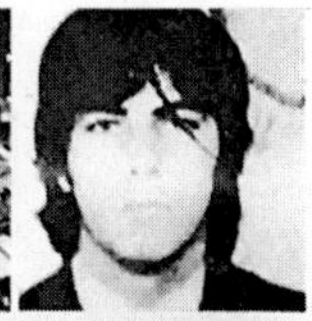

Acima, da esquerda para a direita, o motorista que matou, a cena do crime e o motorista morto, Job Laurentino Vieira. Na foto abaixo, o guarda de trânsito Luizinho.

No Pronto Socorro, levou seis pontos na cabeça e ainda fizeram dois curativos em seu braço direito. Sua maior preocupação, no entanto, eram seus cabelos, que haviam sido tingidos de azul e que estavam manchados de sangue.

No 1º Distrito, onde foi autuado em flagrante por homicídio, Aderbal confirmou toda a história. Sentado em uma das salas da delegacia, a mão esquerda algemada à cadeira, ele contou o que acontecera, demonstrando muita frieza, segundo os policiais:

— E verdade, **seu doutor** — disse ele ao delegado de plantão, Antônio Pontes da Silva —, eu atirei no homem, mas foi em legítima defesa. Tenho porte de arma, como vocês podem verificar, e só atirei porque fiquei nervoso. Não aguentava apanhar de um homem mais forte. Afinal, o que eu podia fazer? Foi legítima defesa mesmo.

Ele contou que seguia ao lado do Passat (chapa FP-9270) pela 7 de Abril, quando seu táxi (HE-8989) foi fechado por Job. Então, gritou um palavrão. Job saiu do Passat, veio até o táxi e o desafiou a repetir o que dissera. Aderbal repetiu e foi atingido por um soco. Nesse momento, pegou o revólver e atirou.

Ontem à noite, o delegado Antônio Pontes da Silva informava que Aderbal será recolhido à Casa de Detenção, pois foi autuado em flagrante, devendo responder processo por homicídio doloso.

O que mais impressionou a polícia foi a calma de Aderbal, que em momento nenhum demonstrou sequer o mais leve arrependimento.

— Mas essa frieza — contava ainda ontem à noite o delegado Pontes — é momentânea. Ele ainda está com a **cuca quente**. Esperem só até ele cair em si.

Alex Branco, com fotos de Kenji Honda.

Jornal da Tarde destaca em manchete atuação do Guarda Luizinho.

Guarda Luizinho e Geraldo Nunes em frente
ao Bar de Vidro - Tucuruvi.

Luizinho com a filha Alessandra, genro Salvador, neta Flávia, nora Denise e o filho Paulo no Bar de Vidro.

Guarda Luizinho: "Herói do povo Brasileiro"

Bibliografia

Livros Pesquisados

Telhada, Paulo Adriano/A Polícia de São Paulo nos Campos da Itália/PMESP/São Paulo/2006

Jornais Pesquisados

Correio da Manhã - Rio de Janeiro, 23 de julho de 1967 - Brasil: Um carro para cada 37,3 habitantes

http://memoria.bn.br/DocReader/Hotpage/HotpageBN.aspx?bib=089842_07&pagfis=84130&url=http://memoria.bn.br/docreader#

Folha de S. Paulo - Quarta-feira, 29 de março de 2006 - Corpo fica por mais de 5 horas em frente ao Teatro Municipal – por Alencar Izidoro - Reportagem Local

https://www1.folha.uol.com.br/fsp/cotidian/ff2903200613.htm

O Estado de S. Paulo – São Paulo, 21 de janeiro de 2023 - SP tem o maior nº de vítimas no trânsito desde 2016; um motociclista morre por dia – por Gonçalo Junior

https://www.estadao.com.br/sao-paulo/sp-tem-o-maior-n-de-vitimas-no-transito-desde-2016-um-motociclista-morre-por-dia/

Portais Pesquisados

Acervo Estadão: Fotos Históricas do Guarda Luizinho por Rose Saconi, 18 de julho de 2015

https://www.estadao.com.br/acervo/fotos-historicas-guarda-luizinho/

"Há 100 anos, Mappin abria a primeira loja". Acervo Estadão: Carlos Eduardo Entini, 28 de novembro de 2013. Consultado em 10 de fevereiro de 2023.

https://acervo.estadao.com.br/pagina/#!/20131128-43871-nac-25-mrt-a26-not

'Mappin, venha correndo Mappin, é a liquidação...'. Reclames do Estadão. Consultado em 10 de fevereiro de 2023.

https://www.estadao.com.br/blogs/reclames-do-estadao/mappin/

Portal Alesp: DECRETO-LEI Nº 217, DE 08 DE ABRIL DE 1970: https://www.al.sp.gov.br/repositorio/legislacao/decreto.lei/1970/decreto.lei-217-08.04.1970.html

Prêmio Santo Dias de Direitos Humanos será entregue dia 9 de dezembro - 24/11/2005

https://www.al.sp.gov.br/noticia/impressao/?id=268378&ver_imp=true

Portal Arquivo do Estado de São Paulo: História da Guarda Civil, 1926-1970

http://icaatom.arquivoestado.sp.gov.br/ica-atom/index.php/guarda-civil

Portal Detran-DF: De onde surgiu o Dia Mundial do Pedestre?

http://www.detran.df.gov.br/dia-mundial-do-pedestre/

Portal Detran-MA: A Vida Passa Pela Faixa

http://www.detran.ma.gov.br/paginas/detalhe/22849

Portal Estadão: 24 de julho de 2019 por Redação - Brasil é a principal potência militar na América Latina

https://www.estadao.com.br/internacional/brasil-e-a-principal-potencia-militar-na-america-latina-venezuela-esta-em-sexta-posicao/

Portal G1 - Nove pessoas são atropeladas em média por dia em SP - Por SP2 - 08/08/2019 - 19h33

https://g1.globo.com/sp/sao-paulo/noticia/2019/08/08/nove-pessoas-sao-atropeladas-em-media-por-dia-em-sp.ghtml

Portal G1 - Mortes por atropelamento nas marginais Tietê e Pinheiros dobram em comparação com período pré-pandemia - por Léo Arcoverde, GloboNews - São Paulo - 31/01/2023 - 06h00

https://g1.globo.com/sp/sao-paulo/noticia/2023/01/31/mortes-por-atropelamento-nas-marginais-tiete-e-pinheiros-dobram-em-comparacao-com-periodo-pre-pandemia.ghtml

Portal Governo Aberto - Infosiga SP

http://catalogo.governoaberto.sp.gov.br/dataset/infosiga-sp-sistema-de-informacoes-gerenciais-de-acidentes-de-transito-do-estado-de-sao-paulo

Portal Globo Esporte.com / Blog Memória EC

A polêmica agressão de Serginho Chulapa ao bandeirinha em 1978 – por Marcelo Monteio - 19/02/2015 às 21:38 por Marcelo Monteiro

https://globoesporte.globo.com/blogs/especial--blog/memoria-ec/post/polemica-agressao-de-serginho--chulapa-ao-bandeira-em-1978.html

Portal Museu da TV - Roleta Paulista – Morre Fontenelle - https://www.museudatv.com.br/programas/roleta--paulista/

Portal Polícia Militar SP – História da PM

https://www.policiamilitar.sp.gov.br/institucional/historia-da-pm

A Força Pública de São Paulo - Capacitação e Treinamento

https://www.policiamilitar.sp.gov.br/institucional/capacitacao-treinamento

Como funciona o CONSEG

https://www.policiamilitar.sp.gov.br/comunidade/conseg

Estatísticas: O que a PM está fazendo por você: https://www.policiamilitar.sp.gov.br/

Proerd - Programa Educacional de Resistência às Drogas e à Violência: http://www4.policiamilitar.sp.gov.br/unidades/dpcdh/index.php/proerd-2/

Portal Primeiros Negros: Paulo Rui de Oliveira, o presidente negro da Câmara Municipal de SP - https://primeirosnegros.com/paulo-rui-de-oliveira/

Portal R7: Arquivo Vivo/Renato Lombardi e Percival de Souza/Guarda Luizinho/18.03.2022/You Tube: https://recordtv.r7.com/podcast-arquivo-vivo/videos/podcast-arquivo-vivo-guarda-luizinho-um-lendario-policial-de-sao-paulo-ep-29-18032022

Portal R7: Sete em cada dez vítimas de atropelamento em São Paulo são homens - JR na TV - 16 de fevereiro de 2023

https://noticias.r7.com/jr-na-tv/videos/sete-em-cada-dez-vitimas-de-atropelamento-em-sao-paulo-sao-homens-16022023

Portal Rotary International: História do Rotary no Mundo

https://www.rotary.org/pt/about-rotary/history

Portal Terceiro Tempo: Efraim ou Ephraim/Ex-ponta do São Paulo e Rei do futsal - https://terceirotempo.uol.com.br/que-fim-levou/efraim-ou-ephraim-968

Revistas Digitais

Revista Digital Esquinas Faculdade Cásper Líbero, 14 de julho de 2022 por Pietra Sábia - "Descompasso entre ética e política": entenda as implicações do uso da cavalaria pela PM

https://revistaesquinas.casperlibero.edu.br/cotidiano/descompasso-entre-etica-e-politica-entenda-as-implicacoes-do-uso-da-cavalaria-pela-pm/

Revista Eletrônica Garagem 360 – por Nicole Santana - 18 de julho de 2022 - Carros e motos em SP; descubra quantos milhões circulam https://garagem360.com.br/carros-e-motos-em-sp-descubra-quantos-milhoes-circulam-conforme-pesquisa/ etrônica Garagem 360 - Carros e motos em SP; descubra quantos milhões circulam, conforme pesquisa - Nicole Santana - 18 de julho de 2022

O Curioso do Futebol: O dia em que Serginho Chulapa agrediu o bandeirinha: https://www.ocuriosodofutebol.com.br/2021/02/o-dia-em-que-serginho-chulapa-agrediu.html

Redes Sociais

Facebook – Página Tucuruvi Antiga:

O Zoológico do Agenor na Vila Maria - postado em 20/09/2014.

https://www.facebook.com/tucuruviantiga/posts/o-zoologi co-do-agenor-na-vila-mariahoje-pouco-lembrado-e-totalmente-desconhecido/1480201592230596/?locale=pt_BR

Zoobservatório: Zoológico do Agenor, zoo amador na Vila Guilherme https://zoobservatorio.com.br/blog/2021/01/06/cresce-popularidade-de-zoologico-do-agenor-zoo-amador-na-vila-guilherme/

QUEM SOMOS

As **Editoras LETRAS JURÍDICAS** e **LETRAS DO PENSAMENTO**, com 24 anos no mercado Editorial e Livreiro do país, são especializadas em publicações jurídicas e literatura de interesse geral, destinadas aos acadêmicos, aos profissionais da área do Direito e ao público em geral. Nossas publicações são atualizadas e abordam temas atuais, polêmicos e do cotidiano, sobre as mais diversas áreas do conhecimento.

As **Editoras LETRAS JURÍDICAS** e **LETRAS DO PENSAMENTO** recebem e analisam, mediante supervisão de seu Conselho Editorial, artigos, dissertações, monografias e teses jurídicas de profissionais dos Cursos de Graduação, de Pós-Graduação, de Mestrado e de Doutorado, na área do Direito e nas demais áreas técnicas e universitárias, além de obras na área de literatura e de interesse geral.

Na qualidade de Editora Jurídica e de Interesse Geral, mantemos uma relação em nível nacional com os principais Distribuidores e Livreiros do país, para divulgarmos e distribuirmos as nossas publicações em todo o território nacional. Temos ainda relacionamento direto com as principais Instituições de Ensino, Bibliotecas, Órgãos Públicos, Cursos Especializados de Direito e todos os segmentos do mercado.

Participamos também de **Feiras Nacionais e Internacionais**.

NOVIDADE!!! O(a) Autor(a) da LJ/LP terá uma página exclusiva para inserir sua biografia, fotos, vídeos e artigos de sua área e textos em geral, para interagir com o leitor e ganhar maior visibilidade no mercado.

Na qualidade de editora prestadora de serviços, oferecemos os seguintes serviços editoriais:

- Análise e avaliação de originais para publicação;
- Redação, revisão, edição e preparação de texto;
- Assessoria técnica editorial;
- Cadastro do ISBN – CBL e SNEL;
- Ficha catalográfica – CBL e SNEL;
- Design e montagem de arte de capa;
- Digitação e diagramação de textos;
- Direitos Autorais: consultoria e contratos;
- Elaboração de sumários, índices e índice remissivo;
- Fotografia e escaneamento de material fotográfico;
- Gráfica: pré-impressão, projetos e orçamentos;
- Ilustração: projeto e arte final;
- Audio-Books;
- Livro Digital: formatos E-book e Epub;
- Organização de lançamentos, eventos, palestras e workshops;
- Pesquisa Editorial CBL e SNEL;
- Peças Publicitárias para divulgação: banner, cartaz, convite de lançamento, folheto, marcador de página e material de apoio em geral.

Nesse período, as Editoras exerceram todas as atividades ligadas ao setor Editorial/Livreiro do país. É o marco inicial da profissionalização e de sua missão, visando exclusivamente ao cliente como fim maior de seus objetivos e resultados.

"NOSSAS MARCAS MOSTRAM AS LETRAS DO FUTURO"
O EDITOR